Gerhard Wagner

Schwein gehabt!

Redewendungen des Mittelalters

Für Bine und Maresi

Gerhard Wagner

Schwein gehabt!

Redewendungen des Mittelalters

Vom selben Autor sind erschienen:

»Wer's glaubt wird selig! Redewendungen aus der Bibel« (2011)
»Das wissen die Götter! Redewendungen aus der Antike« (2012)
»Da kräht kein Hahn nach! Redewendungen aus der Natur« (2023)

54. Auflage 2024

Gerhard Wagner
Schwein gehabt! Redewendungen des Mittelalters

Regionalia Verlag
ein Imprint der Kraterleuchten GmbH
Gartenstraße 3, 54550 Daun

Einbandgestaltung: Lydia Muhr, agilmedien Niederkassel
Layout & Satz: A. Aspropoulos

Hergestellt in der Europäischen Union, Finidr, CZ

ISBN 978-3-939722-31-1

www.regionalia-verlag.de

Inhalt

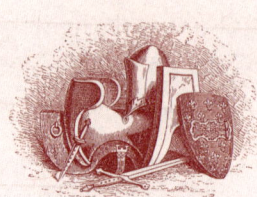

Vorwort

Holzauge, sei wachsam!

Redewendungen sind wie Brücken in die Vergangenheit. Leider gehen diese Brücken immer mehr verloren, weil viele Bezüge, auf die Redensarten zurückgehen, heute in Vergessenheit geraten sind. Wer hat jemals eine *Tretmühle* in Aktion gesehen, wer könnte noch mit einem *Heller* bezahlen, und wer hätte eine Verwendung für ein *Kerbholz?*

Bei den Älteren sind solche Begriffe noch in aller Munde, aber jüngeren Jahrgängen muss man neuerdings erklären, was man meint, wenn man von einem Zeitgenossen behauptet, er habe *das Heft in der Hand* oder er sei *auf den Hund gekommen.* Sie wissen nicht mehr, was man *auf die hohe Kante legt* oder wann *die Tafel aufgehoben* wird.

Denn Deutsch ist eine lebendige Sprache, und Einflüsse aus anderen Sprachen, dem Internet und der populären Massenkultur verändern sie; besonders die Medien tragen zu dieser Entwicklung bei. So sind in den letzten Jahrzehnten selbstverständlich auch neue Redensarten wie *Auf Konfrontationskurs gehen* oder *Die gleiche Wellenlänge haben* entstanden. Aber viele historische Redewendungen und Ausdrücke fallen dem Wandel der Sprache zum Opfer und nicht mehr benutzte Redensarten sterben aus. Dabei gehören Redewendungen und Redensarten so fest zu unserer Sprache, dass wir viele gar nicht mehr als solche erkennen. Ob es nun Wörter wie *Hänseln, Aufdecken* oder *Überführen* sind oder *Denkzettel, Prügelknabe* oder *Garaus,* sie sind assimiliert und den meisten Zeitgenossen so vertraut wie *Kind und Kegel.* Warum aber *steigt* man ins Bett und *schlägt* ein Buch auf?

Auch die älteren Semester wissen nur, was gemeint ist; aber wissen sie auch, woher diese Formulierungen ursprünglich kommen und unter welchen Umständen sie einmal entstanden sind?

Dieses Buch will eine *Eselsbrücke bauen* und *Ross und Reiter nennen.*

Zwischen den Zeilen

Die Herkunft vieler mittelalterlich klingender Redensarten erweist sich bei näherem Hinsehen als nicht wirklich alt. Eine ganze Reihe sind erst im 19. Jahrhundert entstanden, einige scheinbar alte sind auch noch deutlich jünger. Tatsächlich stammen aber sehr viele Redensarten aus der Zeit der Ritter und Minnesänger. Einige Fremdenführer in Burgen schmücken ihre Führungen deshalb mit Redewendungen aus, von denen sie glauben, dass sie ihren Ursprung im Mittelalter haben. In Burgen lässt sich nämlich gut erklären, dass erstaunlich viele Redensarten wie *Etwas im Schilde führen* oder *Auf großem Fuße leben* aus der Zeit der Zugbrücken und Kettenhemden stammen oder doch zumindest jahrhundertealte Wurzeln haben.

Dieses Buch fasst 200 Redewendungen zusammen, die meist auf das Mittelalter oder die frühe Neuzeit zurückgehen oder auf historische Tatsachen, Personen oder Ereignisse dieser Zeit Bezug nehmen und auch heute noch populär sind.

Alte Redensarten mit Wurzeln in anderen Sprachen wie Latein, Französisch oder Jiddisch, die früher in Deutschland parallel zum Deutschen existierten, konnten nicht berücksichtigt werden, auch nicht die vielen Wendungen, die auf Bibelstellen zurückgehen wie *Perlen vor die Säue* oder *Die Hände in Unschuld waschen.* Desgleichen ist auf Redensarten verzichtet worden, die sich mit etwas Nachdenken selbst erklären wie *Jemanden matt setzen* oder *Über den Berg sein.* Dafür wurde die Gelegenheit genutzt, einige Wendungen als nicht historisch und ihre üblichen Erklärungen als falsch zu entlarven — die bekannteste dürfte *Einen Zahn zulegen* sein.

Vielleicht kann dieses Buch etwas dazu beitragen, dass einige bedrohte (Redens-)Arten vor dem Aussterben bewahrt werden.

Denn auch wenn sie den älteren *das Wasser nicht reichen* können, haben die jungen Leute ja *kein Brett vor dem Kopf* oder *sind auf dem Holzweg,* und bevor wir *den Teufel an die Wand malen* und sie *Scherereien* bekommen, werden wir sie nicht *in Bausch und Bogen verdammen,* sondern *ein Auge zudrücken* und *nicht jedes Wort auf die Goldwaage legen,* und wenn sie erst mal alles *aus dem Effeff beherrschen,* darf man sie *über den grünen Klee loben,* auch wenn sie sich *wie gerädert fühlen.* Pech gehabt? Umgekehrt wird ein Schuh draus: Dann ist alles in Butter!

Da haben wir ja noch mal

Schwein gehabt!

Gerhard Wagner

„Hieb- und stichfest"

Von Pechnasen und großen Füßen

„Steinreich sein"

sehr wohlhabend sein

Nicht nur im Mittelalter, sondern weit bis ins 19. Jahrhundert war es ganz normal, dass die Häuser der einfachen Leute aus Holz gebaut waren, Fachwerkhäuser eben, wobei „Fach" ein alter Ausdruck für Wand ist, enthalten auch in **Unter Dach und Fach.** Nur Reiche konnten sich Steine aus Steinbrüchen leisten, die behauen werden mussten und deshalb teuer waren. Reich war im Mittelalter der Adel, dem das Land gehörte. Er bevorzugte es, in Steinhäusern zu residieren, denn nur Häuser mit steinernen Wänden waren so stabil, dass sie auch einem Überfall von Feinden, zornigen Leibeigenen oder missgünstigen Nachbarn oder Verwandten standhalten konnten. Aus diesen festen Häusern, oft in Turmform erbaut, entwickelten sich die Burgen. Als auch die Bürger im späten Mittelalter zu Wohlstand kamen, konnten sie sich ebenfalls prächtige Steinhäuser leisten. Sie waren **steinreich.** Burgen und Schlösser als Statussymbol blieben jedoch dem Adel vorbehalten.

„Holzauge, sei wachsam!"

Aufgepasst!

Für die Herkunft dieses Ausdrucks gibt es mehrere Theorien. Die erste Herleitung bezieht sich auf das holzverarbeitende Handwerk. Beim Hobeln muss man aufpassen: Ansätze von Ästen, auch Augen genannt, sind härter als das umgebende Holz, die Klinge des Hobels könnte an ihnen Schaden nehmen. Aus dem Warnruf „Ein Holzauge! Sei wachsam!" kann sich mit der Zeit die heutige Redewendung entwickelt haben. Unter Sprachwissenschaftlern ist diese Theorie anerkannter, Phantasie anregender ist aber die zweite. In der Fortifikation von Burgen spielten Schießscharten eine große Rolle, ermöglichten sie es dem Verteidiger doch, aus kleinen Öffnungen heraus beim Feind großen Schaden anzurichten. Tatsächlich nennt man eine spezielle Form von Scharten „Holzaugen". In der Maueröffnung steckten hölzerne Kugeln, die in der Mitte ein Loch hatten. Durch dieses konnte beobachtet, aber auch eine Feuerwaffe gesteckt und wie in einem Kugelgelenk bewegt werden.

„Das Wasser abgraben"
von Informationsquellen abschneiden

Höhenburgen waren meist durch ihre steile Lage vor feindlichen Attacken geschützt. Bei den Burgen in der Ebene mussten sich die Baumeister etwas anderes einfallen lassen, um Angreifer auf Abstand zu halten. Man umgab die Burg mit einer Sperre, die gerade gepanzerte Krieger nur sehr mühsam überwinden konnten: mit einem Wassergraben. Er verwandelte die Burg in eine Insel. Ihre Mauern zu attackieren, war fast unmöglich, denn im Wasser konnte kein Belagerungsturm errichtet werden. Die Lösung war, das Wasser zu entfernen. Wenn die Umgebung es zuließ, konnte man einen Kanal graben, das Wasser floss ab und die Burg stand auf dem Trockenen. Möglicherweise deutet die Redewendung auch auf die – für die Burgbewohner höchst gefährliche – Unsitte hin, der Burg, wenn sie keinen eigenen Brunnen innerhalb der Mauern besaß, das Trinkwasser abzuleiten. Eine dritte, mehr zivile Erklärung der Redensart lautet, dass ein Müller ruiniert war, wenn der Graben, der Wasser auf sein Mühlrad brachte, angestochen wurde – von der Konkurrenz womöglich – und auslief.

„In die Bresche springen"
in der Not beistehen

Wie erobert man eine Burg? Man macht ein Loch in die Mauer. Einfacher gesagt als getan, aber das Ergebnis einer solchen Gewaltanwendung nennt man „Bresche", wie so viele Wörter der Militärsprache aus dem Französischen (brèche = Öffnung, Spalt). Aus Sicht der Verteidiger ist nun höchste Gefahr angesagt, denn die unliebsamen Besucher neigen dazu, hereinzudrängen und in der Burg Feuer zu machen, und zwar überall. Die Burgbesatzung, die einen Versicherungsfall ohne Versicherung vermeiden will, muss sofort etwas unternehmen. Bevor man daran geht, die Öffnung wieder mit Baumaterial zu schließen, muss jemand die unerwünschten Gäste aufhalten, bevor sie die Burg betreten und Schaden anrichten. Wenn die Öffnung zu Beginn noch relativ schmal ist, ist das Mittel der ersten Wahl, dass ein Ritter in die Bresche springt, der den Engpass wie ein wehrhafter eiserner Korken unpassierbar macht.

„Luftschlösser bauen"

unrealistische Pläne machen

Auch andere Länder kennen „Luftschlösser". In England heißen sie „castles in the air", in Holland „luchtkastelen". Im Mittelhochdeutschen, der Sprache der Ritter, gibt es schon den Begriff „Schloss", gleichbedeutend mit „Burg". Womit wir bei der oft gestellten Frage wären, was der Unterschied zwischen Burg und Schloss ist. Eine Burg war ein militärischer Zweckbau, der befestigte Wehrbau eines Adligen. Nach der Einführung der Feuerwaffen spalteten sich diese Funktionen – einerseits wehrhaft, andererseits wohnlich – auf; ab dann bezeichnete „Schloss" den luxuriösen Fürstensitz, während „Festung" den militärisch-wehrhaften Teil übernahm. Im 16. Jahrhundert sprach man bei Phantastereien von einem „Schloss in der Luft", was hundert Jahre später zu der heutigen Redensart führte. Kein Wunder, dass dafür ein filigranes, verziertes Schloss viel eher geeignet war als eine wuchtige, steinerne Burg!

„Pech gehabt!"

Viele Burgführer zeigen über dem Burgtor eine „Pechnase" und weisen darauf hin, dass daher der Ausdruck *Pech gehabt* stamme. Seit dem 19. Jahrhundert glaubte man, dass die Verteidiger einer Burg heißes Pech auf die Angreifer geschüttet hätten. Diese gruselig-romantische Vorstellung entspricht allerdings nicht den Tatsachen, denn die Burgenforschung hat mittlerweile nachgewiesen, dass zum Flüssigmachen von Pech Temperaturen nötig gewesen wären, die in einem Torhaus nicht hätten erzeugt werden können. Der fälschlicherweise „Pechnase" genannte Erker war also eine Verteidigungsvorrichtung, aus der man Steine warf oder Pfeile schoss. Redewendungen, in denen der Begriff „Pech" vorkommt, haben deshalb nichts mit Burgen zu tun. Ein *Pechvogel* war zum Beispiel ein Singvogel, den man auf einer mit klebrigem Pech bestrichenen Rute fing, um ihn anschließend zu verspeisen – Pech gehabt! Und wenn heute jemand auf etwas *erpicht* ist, dann ist er darauf fixiert, wie mit Pech daran festgeklebt.

„Sich die Sporen verdienen"

sich auszeichnen, sich würdig erweisen

Bevor ein adliger Knabe den Ritterschlag erhalten konnte, der ihn zu einem vollwertigen Mitglied dieser Adelsschicht machte, musste er sieben Jahre als Page dienen, um Erfahrungen im Umgang bei Hofe zu sammeln – er musste lernen, **höflich zu sein.** Sieben weitere Jahre diente er als Knappe bei einem Ritter, bei dem er das Waffenhandwerk erlernte. Er führte schon Waffen, trug auch schon Sporen und durfte an Kampfspielen teilnehmen. Mit 21 Jahren empfing er die Schwertleite, die im 14. Jahrhundert durch den Ritterschlag abgelöst wurde, wenn er sich durch Mut und Treue ausgezeichnet hatte. Dabei wurden ihm goldene Sporen angelegt. Dass er diese Würde verdient hatte, musste er in der nächsten Schlacht in der ersten Kampflinie beweisen. Auch heute noch sagt man von jemandem, dem sein Chef Anerkennung ausgesprochen hat, dass er **den Ritterschlag bekommen** habe. Echte Ritterschläge gibt es heute noch in England, wenn Stars wie Paul McCartney oder Sean Connery zum „Sir" ernannt werden.

„Hand und Fuß haben"

vollständig, in Ordnung sein

Diese Redensart geht auf eine altdeutsche Rechtsformel zurück, in der allerdings nur die rechte Hand und der linke Fuß gemeint waren. Warum? Ein Ritter, also ein wehrhafter Mann, war nach damaligem Verständnis nur kriegstüchtig, wenn er noch die rechte Hand und den linken Fuß besaß. Mit der rechten Hand führte er das Schwert, und der Fuß, mit dem er in den Steigbügel trat, um sein Pferd zu besteigen, war der linke. Es war eine äußerst schwere, aber oft verhängte Strafe, wenn ein Missetäter dazu verurteilt wurde, eines der beiden oder gar beides abgeschlagen zu bekommen, denn es wurden ihm auf diese Weise nicht nur Hand und Fuß, sondern auch seine Mannhaftigkeit genommen. Linkshänder taten übrigens gut daran, diese „Andersartigkeit" zu verschweigen, denn Minderheiten waren gerade im Mittelalter suspekt und konnten leicht auf dem Scheiterhaufen landen.

„Hieb- und stichfest"
unangreifbar, absolut sicher

Nicht nur heute, sondern auch und besonders in früheren Zeiten war Aberglaube weit verbreitet. Dazu zählten magische Sprüche und Rituale, die einen Mann für den Kampf unverwundbar machen sollten. Man nannte diesen Brauch „Festmachen". Die Zwillingsformel Hieb- und stichfest gehörte zu diesem Zauber. Sie sollte den Besprochenen gegen jede Art der typischen mittelalterlichen Kampfverletzungen gefeit machen. Auch heute noch segnen Priester in den Krieg ziehende Soldaten, um sie unter den Schutz Gottes zu stellen. Es ist immer wieder merkwürdig, dass über Jahrhunderte, ja Jahrtausende an die Wirkung derlei transzendentaler Praktiken geglaubt wurde, obwohl die unübersehbare Zahl der Getöteten und Verwundeten in den Kriegen der Geschichte eindeutig ihre Nutzlosigkeit beweist.

„Gerüstet, gewappnet sein"
vorbereitet sein

Was wäre ein Ritter ohne Rüstung? Der Ritter legte sich diese Schutzkleidung, die bis zu dreißig Kilogramm wiegen konnte, mit Hilfe seines Knappen an und war dann für den Kampf gerüstet. Der Ritterpanzer diente zur Verteidigung. Wie auch heute noch entwickelte sich die Defensive immer als Antwort auf die Offensive, das heißt, neue stärkere Angriffswaffen erforderten wirksamere Verteidigungsmaßnahmen: Langbogenpfeile durchdrangen den Lederwams des frühen Mittelalters; das gegen Pfeile noch schützende Kettenhemd war gegen Armbrustbolzen machtlos, der dann vom Harnischmacher erfundene Plattenharnisch schützte nicht gegen Kanonenkugeln und so weiter und so weiter ... Gewappnet war man bewaffnet, denn das Wort „Wappen" war im Mittelalter eine Nebenform von „Waffe" und wurde erst ab dem 16. Jahrhundert im heutigen Sinn gebraucht. Ob gerüstet oder gewappnet - nach dem Einsatz kam es zur Abrüstung, denn die Herren liefen zuhause in der Burg ja nicht in Eisen herum. Wenn sich heute jemand eine neue Fotoausrüstung oder ein Wappen zulegt, hat das zum Glück nichts mehr mit Kriegführen zu tun.

„In Harnisch bringen"

jemanden zornig machen

Ein Harnisch ist der Brustteil der Rüstung und zusammen mit dem Helm der wichtigste Teil der Schutzkleidung des Ritters. Den Harnisch legte er bei den täglichen Kampfübungen, aber vor allem im Kriegsfall und für das Turnier an. Dann war er bereit zum Kampf. Auch ein Turnier war eine ernste Sache - Graf Diether VI. von Katzenelnbogen, einer der prominentesten Adligen des Reiches, starb 1315 auf dem Turnier des Baseler Hoftages. Die Redensart ist seit 1626 belegt. Gemeint ist, dass der, den man so zornig gemacht hat, dass er den Harnisch angelegt hat, der also in Harnisch geraten ist, bereit und willens ist zu kämpfen. Im übertragenen Sinn bedeutet die Redensart heute so viel wie „überaus engagiert" oder auch „in Rage", also bereit, ohne Angst vor Widerstand seine Meinung zu vertreten, nicht so sehr mit Taten, aber wohl mit Worten. Deshalb nennt man auch eine Rede oder einen Brief, in denen jemand seinen Zorn zum Ausdruck bringt, ***geharnischt***.

„Ross und Reiter nennen"

klare Angaben machen

Jeder kennt das Ritual, wenn vor einem Boxkampf die Kontrahenten vom Ringsprecher namentlich vorgestellt werden. Dieser Brauch ist nicht neu. Schon im Mittelalter wurden die Ritter, die im Turnier gegeneinander antraten, vor Kampfbeginn dem Publikum genannt. Die Vorstellung wurde von einem Herold vorgenommen, denn dieser war zuständig für die Identifizierung der Ritter, die ja durch ihre Rüstung unkenntlich waren, anhand ihrer Wappen. Er orientierte sich an zu diesem Zweck angefertigten Wappenrollen, die die Unterscheidung und Zuordnung der Wappen ermöglichten. Im Unterschied zu den Boxern traten die Ritter nicht allein an, sondern waren in hohem Maße von der Leistungsfähigkeit ihres Streitrosses abhängig. Deshalb war es nur fair, dass auch der Name dieses wertvollen Tieres ausgerufen wurde, Ross und Reiter eben. Dass der mittlerweile veraltete Begriff „Ross" statt „Pferd" in diesem Fall immer noch im Gebrauch ist, verdanken wir dem schönen Stabreim.

„Das Heft in der Hand haben"

die Leitung innehaben

Auch wenn die Assoziation zum Lehrer, der das Klassenarbeitsheft in der Hand hat und damit eine gewisse Macht verkörpert, sich förmlich aufdrängt, hat dieser Ausdruck mit dem von uns heute Heft genannten dünnen Papierstapel nichts zu tun. „Heft" nannte man ursprünglich die Halterung oder den Griff eines Gerätes. Im engeren Sinne wurde so auch der Griff eines Schwertes, Messers oder Dolches bezeichnet. Es ist einleuchtend, dass sich aus der Position, ein Schwert am Griff halten zu dürfen, im übertragenen Sinn ein Begriff für „Gewalt und Macht haben" bildete. Erst im 18. Jahrhundert bildete sich in Anlehnung an den Aspekt der Halterung bzw. Befestigung die heute gebräuchliche Bedeutung des Wortes Heft - eine Anzahl gebundener, „gehefteter" Papierbögen - aus, die mit der Redensart nichts mehr zu tun hat.

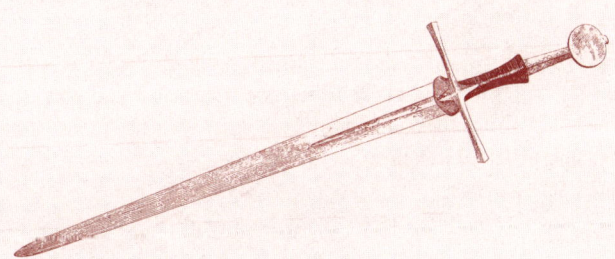

„Vom Leder ziehen"

sich scharf äußern

Die Arbeit eines Barbiers erfordert ein möglichst scharfes Rasiermesser – *haarscharf* eben. Den letzten Schliff verpasst ihm der Meister mit Hilfe eines Lederriemens, auf dem er die Klinge unter Druck hin und her gleiten lässt. Auch wenn es so scheint, hat die Redewendung damit nichts zu tun. Sie weist vielmehr auf die Bewaffnung des Kriegers mit Hieb- und Stichwaffen zurück. Dolche, Messer und vor allem Schwerter steckten, wenn sie nicht gerade in Benutzung waren, in ledernen Scheiden, damit sich der Träger nicht versehentlich an ihnen verletzen konnte. Wenn der Ritter das Schwert vom Leder, also aus der Scheide zog, wurde es ernst, denn es war eine tödliche Waffe. Luther hat den Ausdruck um 1500 herum wörtlich verwendet, auch im „Simplicissimus", dem berühmten Roman über den Dreißigjährigen Krieg, wird das Ziehen des Schwertes noch so genannt. Erst danach entwickelte sich die übertragene Bedeutung.

„Mit offenem Visier kämpfen"

anständig verhandeln

Der Kopf des Ritters war sehr gefährdet, denn alle möglichen Waffen in Krieg und Turnier konnten ihm schaden. Ein dem heutigen Integralhelm des Motorradfahrers nicht unähnlicher Metalltopf erfüllte anfänglich gute Dienste. Schmale Schlitze und Löcher ermöglichten ein Minimum an Ausblick, denn gegen Armbrustpfeile konnten sich auch scheinbar kleine Öffnungen als verhängnisvolle Lücken erweisen. Wenn man im Kampf dort hindurch blickte, musste man schon *ein Auge riskieren.* Die Luftversorgung in einem solchen Helm genügte oft nicht den Minimalanforderungen, weshalb es tatsächlich manchmal zu Erstickungsfällen kam. Um den Helm außerhalb des Schlachtfeldes leichter öffnen zu können, erfand man im 14. Jahrhundert das Visier. Das konnte man mittels eines Scharniers hochklappen. Die Redewendung bezieht sich darauf, dass der Gerüstete bei geschlossenem Gesichtsschutz unidentifizierbar und schlecht einzuschätzen war, während das offene Visier Ehrlichkeit und Anständigkeit suggerierte.

Die Redensart, jemanden *ins Visier zu nehmen,* hat mit den Rittern nichts zu tun, sondern meint die Zielvorrichtung bei modernen Schusswaffen.

Der militärische Gruß

Der ursprüngliche Topfhelm deckte zwar den gesamten Kopf einschließlich des Nackens, er ließ jedoch dem Kämpfer nur einen geringen Dreh- bzw. Blickwinkel. Die Lösung war der Helm mit dem beweglichen Klappvisier. Dieses hob der Ritter vor Beginn des Zweikampfes mit der rechten, der Schwerthand, an, um zu zeigen, dass tatsächlich er selbst in der Rüstung antrat und nicht etwa ein Vertreter, dass also der Kampf auf gleicher Augenhöhe stattfand. Als kleines Relikt dieser Handbewegung ist der noch in allen Armeen von Afghanistan bis Zypern übliche Gruß durch Anlegen der Hand an den Mützenschirm erhalten geblieben.

Das „Victory"-Zeichen

Diese international weit verbreitete Handbewegung geht nur scheinbar auf den Anfangsbuchstaben des Wortes Victory zurück. In Wirklichkeit hat sie eine viel brutalere Geschichte: Der Langbogen war die gefährlichste Waffe des Mittelalters. Neben der Durchschlagskraft der Pfeile war die Schussfrequenz von sechs Pfeilen pro Minute entscheidend. Die Armbrust war in Treffgenauigkeit, Reichweite und Durchschlagskraft überlegen, jedes Spannen und Laden dauerte aber eine Minute. Daher war sie zwar für Belagerungen gut geeignet, für Schlachten blieb aber der Bogen die wirkungsvollere Waffe. Die Schlacht von Azincourt 1415 wurde durch – zahlenmäßig weit unterlegene – englische Bowmen gegen französische Armbrustschützen gewonnen, und in der Siegesparade sollen die Bogenschützen als Hinweis auf den Grund ihres Sieges die gespreizten „Schützenfinger", nämlich Zeige- und Mittelfinger, dem jubelnden Volk gezeigt haben. Die grausame Pointe ist, dass Bogenschützen, die in Gefangenschaft gerieten, diese beiden Finger abgeschnitten wurden, damit sie nie wieder schießen konnten.

„Etwas aus dem Hut ziehen"

ein überraschendes Argument bringen

Die Vermutung liegt nahe, dass diese Redewendung aus der Welt des Varietés oder des Zirkus kommt. Weiße Kaninchen scheinen ja nachgerade dazu geschaffen worden zu sein, von einem Zauberer aus dem Zylinder gezogen zu werden. Aber die Wurzel dieser Redensart könnte sehr viel tiefer in der Geschichte wachsen. Sie soll nämlich zurückgehen auf die Gewohnheit von Bogenschützen, unter ihrem Helm, auch eiserner Hut genannt, Ersatzsehnen mit sich herumzutragen. Diese konnten im Falle, dass die Sehne ihres Bogens riss, aus dem Hut gezogen und gespannt werden; der Kampf konnte ohne wesentliche Verzögerung weitergehen. Weil das Ersatzteillager nicht sichtbar gewesen war, kam die Reparatur für den Feind überraschend, weshalb die Redewendung bis heute diesen Charakter hat.

„Etwas im Schilde führen"

schlechte Absichten haben

Wappen waren so etwas wie die Nummernschilder des Mittelalters. Genau wie heute Insassen von Blechkarossen, konnte man Ritter nicht identifizieren, weil sie von Kopf bis Fuß in einer Rüstung steckten. Die Kampfspiele des 12. Jahrhunderts waren deshalb für die Zuschauer unübersichtlich; sie konnten die Teilnehmer nicht erkennen. Also markierte man die Kämpfer durch farbige Symbole auf den Schutzschilden und Helmen. (Die Redewendung *Farbe bekennen* mit der Bedeutung „sich zu jemandem bekennen" hat übrigens damit nichts zu tun, sondern mit dem Kartenspiel, in dem oft eine bestimmte Kartenfarbe gespielt werden muss.) Wenn ein gewappneter Ritter auf eine Burg zuritt, führte er meist nichts Gutes *im Schilde,* sonst wäre er mit offenem Visier gekommen; deshalb hat diese Redensart einen negativen Sinn. Auch wir führen in unseren Autokennzeichen noch etwas im Schilde, nämlich Wappen des zulassenden Landkreises oder der Stadt. Der Ausdruck *Flagge zeigen* kommt aus der Seefahrt, in der Schiffe durch Flaggen kenntlich gemacht werden.

„Eine Lanze brechen"

verteidigen, eintreten

Diese Redewendung lautet eigentlich korrekt „eine Lanze einlegen" und entstammt dem mittelalterlichen Turnierwesen. Wenn man sich im Kampfgetümmel für einen Freund einsetzte, legte man seine Lanze ein − das bedeutet, man klemmte sie sich zwischen rechten Oberarm und rechten Brustpanzer, wo zu diesem Zweck meist ein passender Haken angebracht war − und ritt auf den betreffenden Gegner los. Bei diesen durchaus brutalen Zweikämpfen riskierte man den Bruch seiner Lanze, was die andere Version der Redewendung erklären mag. Im übertragenen Sinne wurde sie erst im 18. Jahrhundert verwendet. Heute legt man aber − statt einer Lanze − ein gutes Wort ein. Das Wort „Lanze" wurde übrigens erst ab 1200 als Lehnwort aus dem Französischen benutzt, im Mittelhochdeutschen hieß sie „sper".

„Nach einer Devise leben"

ein Lebensmotto haben

Im Gegensatz zu den Devisen, den ausländischen Zahlungsmitteln, die naturgemäß immer im Plural vorkommen, gibt es die hier gemeinte Devise nur im Singular, denn ein Mensch, der eine Devise hat, folgt einem Lebensziel. "Amor vincit omnia - Liebe besiegt alles" war zum Beispiel die Devise hochmittelalterlicher Ritter. Heraldiker nennen die Devise auch „Panier", wenn sie in einem Spruchband unter dem Wappenschild steht. Auch heute noch haben viele Staaten einen Wahlspruch. Vor allem bei Staaten, die eine nicht einheitliche Bevölkerung haben, beschwört dieser bezeichnenderweise oft Einigkeit: "In der Einigkeit liegt die Kraft" ist der Wahlspruch von Belgien, und die Devise der Europäischen Union formuliert es andersherum, meint aber dasselbe: "In varietate concordia - In Vielfalt Einigkeit". Heute kommt das „Panier" noch bei studentischen Verbindungen vor, die ihren Namen mit dem Zusatz „...sei's Panier!" versehen, und beim so genannten Hasenpanier, aber das ist ein anderes Thema.

„Viel Aufhebens um etwas machen"

prahlen

Diese Redewendung ist zwar nicht richtig mittelalterlich, aber aus dem Wortschatz der Säbel- und Degenkämpfer. Sie ist schon 1691 bezeugt und bezieht sich auf die Gewohnheit von Schaufechtern, ein Duell mit einem umständlichen Aufheben der Waffen vom Boden zu beginnen. Um die Zuschauer zu beeindrucken, dem Vorgang eine größere Wichtigkeit und ihrer folgenden Leistung eine höhere Dramatik zu verleihen, wurden die Waffen auf den Boden gelegt, theatralisch gemessen und verglichen. Weil aber die Zeit der Ritterkämpfe längst vorbei war, fand diese überholte Show immer weniger Bewunderer und die Redewendung bekam die heutige negative Bedeutung. Mit dem Aufheben der Waffen begann jedenfalls der Kampf, die Kontrahenten konnten es dann *miteinander aufnehmen,* sie fühlten sich dem Gegner gewachsen.

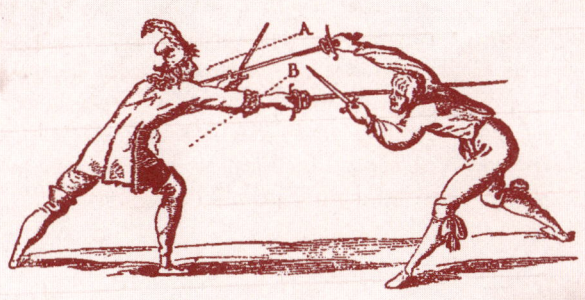

„In die Schranken weisen"

seine Grenzen aufzeigen, zurechtweisen

Bei den ritterlichen Kampfspielen unterscheidet man zwischen dem Massenkampf Buhurt, bei dem viele Ritter gleichzeitig aufeinander einschlugen und bei dem ein ordentliches – um genau zu sein: ziemlich unordentliches – Getümmel herrschte, und dem Tjost, einem Zweikampf, dessen Ziel es war, durch einen gezielten Lanzenstoß den Gegner aus dem Sattel zu werfen. Dabei spielte die Schranke zwischen den Bahnen, auf denen die Ritter aufeinander zuritten, eine wichtige Rolle. Die galoppierenden, über eine Tonne wiegenden Schlachtrösser erreichten nämlich Geschwindigkeiten von über 30 km/h und entsprechende Aufprallenergie. Die beiden Anlaufbahnen wurden durch eine Art Leitplanke voneinander getrennt, um die Pferde aneinander vorbei zu leiten. Wenn ein Ritter in die Schranken gewiesen wurde, so wurde ihm seine Kampfbahn zugeteilt, die er nicht verlassen durfte. Heute wird man in die Schranken gewiesen, wenn man sich ungebührlich benimmt.

„Aus der Bahn geworfen werden"

durch einen Schicksalsschlag schwer getroffen werden

Die Teilnehmer beim Tjost, dem ritterlichen Zweikampf mit dem Ziel, den Gegner mit einer Lanze *aus dem Sattel zu heben* oder wenigstens zu treffen, durften den Kampfplatz, die Bahn zwischen den Turnierschranken, vor Ende des Kampfes nicht verlassen. Wer die Wucht des Aufpralls der gegnerischen Lanze nicht parieren konnte, wurde aus dem Sattel, vom Pferd und damit *aus der Bahn geworfen.* Er hatte den Kampf verloren. Bemerkenswert ist, dass der Sieger vom Verlierer Waffen, Rüstung und Pferd einfordern konnte; erhebliche Werte, wenn man bedenkt, dass eine Rüstung leicht den Gegenwert von 20 Pferden haben konnte. Die Teilnehmer der Tjoste konnten also hohe Verluste, aber bei entsprechendem Erfolg auch hohe Gewinne erzielen. Ähnlich wie heutzutage in den USA die Rodeoreiter gab es Ritter, die von Turnier zu Turnier tingelten und sich durch die erfolgreiche Teilnahme an Tjosten ihren Lebensunterhalt verdienten und manchmal sogar zu Reichtum kamen.

„Den Fehdehandschuh hinwerfen"

die Freundschaft aufkündigen, Streit anfangen

Der Begriff geht zurück auf eine alte Sitte, wenn eine noch gewaltlose Auseinandersetzung in Kreisen der Ritterschaft in eine bewaffnete Privatfehde umschlug. Für diese Situation ist die Geste des Hinwerfens eines Handschuhs als Zeichen der ehrenhaften Herausforderung bezeugt, symbolisch für einen Schlag ins Gesicht, den ein Ritter nicht hätte ausführen dürfen, ohne die Ehre seines Gegners aufs Gröbste zu verletzen. Das Aufnehmen des Handschuhs bedeutete die Annahme der Herausforderung. Das Wort „Fehdehandschuh" war gleichwohl damals nicht gebräuchlich, sondern entstand erst im 18. Jahrhundert durch eine Zusammenziehung der Worte „Fehde" und „Handschuh", vor allem in der Dichtung. Damals kam auch die Gewohnheit auf, seinem Gegner einen Handschuh aus Stoff ins Gesicht zu schlagen, um ihn zu einem Ehrenduell herauszufordern.

„Den Spieß umkehren"

von der Abwehr zum Angriff übergehen

Kanonen, so genannte Steinbüchsen, wurden zuerst bei der Belagerung von Städten eingesetzt. Die Einführung der Feuerwaffen ab dem 14. Jahrhundert auch in der Feldschlacht, gegen die die Ritter keine Chance mehr hatten, erforderte eine Revolutionierung der Kriegsführung. Die Ritterheere des Mittelalters wurden durch Landsknechtsarmeen ersetzt, die wendiger und schlagkräftiger waren. Ihre Hauptwaffe war die Pike (von franz. „piquer" – „stechen"), ein langer Spieß, mit dem sie sich auch wirksam gegen Kavallerieangriffe wehren konnten. Die Soldaten wurden deshalb auch Pikeniere genannt, wovon sich bis heute das Adjektiv **pikiert** für jemanden, der durch eine Bemerkung getroffen ist, ableitet. Pikeniere stellten bis zum 17. Jahrhundert die schwere Infanterie in großen Teilen der europäischen Heere. Wenn es im Kriegsgetümmel zu Handgemengen kam, konnte es passieren, dass ein Landsknecht dem gegnerischen den Spieß abnahm, umdrehte und gegen ihn, den nun wehrlosen, einsetzte.

„Im Stich lassen"

in einem kritischen Augenblick verlassen

In einer Schlacht war der Ritter nicht allein. Er wurde begleitet von Kriegsknechten und vor allem von seinem Knappen, der ihn zu unterstützen und in jeder Beziehung für ihn zu sorgen hatte. Er hielt sich im Gefecht hinter seinem Herrn, um ihm Hilfe zu leisten, wenn dieser verwundet wurde, und hielt ein Ersatzpferd und eine zweite Lanze in Bereitschaft, wenn seinem Herrn die Erstausstattung abhanden kam. Wenn dieser Helfer, auf den sich der Ritter unbedingt verlassen können musste, unfähig war oder gar feige seinen Herrn im Kampf verließ, überließ er diesen dem mit der Lanze zustechenden Gegner, *er ließ ihn im Stich.* Kein Wunder, dass dieses „Stich"-Wort auch in vielen weiteren Redewendungen eine Rolle spielt. Wenn Argumente *stichhaltig* sind, halten sie der Diskussion stand, ähnlich wie ein Harnisch dem Stich einer Waffe. Das Verb *jemanden ausstechen* hat seinen Ursprung ebenfalls im Zweikampf, in dem einer den anderen aus dem Sattel stach, also besiegte. Und bei gleichwertigen Gegnern muss die letzte Entscheidung auch heute noch in einem *Stechen* gefunden werden.

„Sich aus dem Staub machen"

verschwinden, flüchten

Beim Buhurt, dem ritterlichen Kampfspiel mit gleichzeitig vielen Teilnehmern, aber auch bei den Ritterschlachten wurden durch die ständigen Richtungswechsel und Wendemanöver mit den schweren Pferden eine Menge Staub aufgewirbelt. In dieser Staubwolke konnte so mancher Kriegsknecht, dem sein Leben lieber war als die dem einfachen Mann meist unbekannten Kriegsziele seines Königs, unbemerkt **das Weite suchen,** denn die anderen Beteiligten waren einerseits selbst mit ihrem Überleben beschäftigt, andererseits war ihnen wegen der Staubwolke der Überblick erschwert. Fahnenflucht war natürlich für die Ritter kein Thema, gehörte doch Verlässlichkeit zu ihren ritterlichen Tugenden, auf die sie ihr Leben lang eingeschworen worden waren.

„Die Flinte ins Korn werfen"

aufgeben, resignieren

Diese Redewendung stammt aus der Zeit der Steinschlossgewehre, also aus dem 17./18. Jahrhundert, denn das Wort „Flinte" geht zurück auf den Flintstein, mit dem damals der Zündfunke in den Vorderladergewehren erzeugt wurde. Damals bestanden die Armeen hauptsächlich aus Söldnern, also angeworbenen Kriegsknechten, die nicht für eine Ideologie, sondern für Geld kämpften und mit Aussicht auf Beute bei Plünderungen. Es ist klar, dass diese Soldaten – auch in diesem Wort steckt der Begriff „Sold"! – in einem aussichtslosen Kampf lieber von der Fahne gingen, als sich für ein Kriegsziel, das sie ja nicht einmal kannten, töten zu lassen. Getreidefelder boten sich als Deckung für Desertierende an, sie warfen wortwörtlich ihre Flinte ins Korn(feld) und verschwanden wohl auch selbst darin.

„Vernagelt sein"

begriffsstutzig sein

Auch für diesen Ausdruck gibt es mehrere Erklärungen. Einige Deuter siedeln ihn in der Umgebung des „Brett vor dem Kopf" an und gehen davon aus, dass es dieses Stück Holz ist, mit dem jemandem das Begriffsvermögen zugenagelt wurde. Wahrscheinlicher aber ist eine militärische Herkunft. Wenn nämlich eine feindliche Stellung erobert wurde, war für die fliehende Geschützmannschaft keine Zeit, die äußerst schweren Kanonen mitzunehmen – so eine Kartaune des 16. Jahrhunderts wog immerhin bis zu zwei Tonnen und es waren mehrere Pferde nötig, die Lafette zu ziehen! Weil man die Waffen nicht funktionsfähig dem Feind überlassen wollte, wurden sie vernagelt. Dazu trieb man einen starken Nagel in das Zündloch und versperrte so dauerhaft den Zündkanal zum Hauptrohr. Auch Kanonen auf eroberten und anschließend aufgelassenen Festungen, die man nicht abtransportieren konnte, wurden mittels eines ins Zündloch getriebenen Nagels unbrauchbar gemacht.

„Lunte riechen"

einen Hinterhalt ahnen

Diese Redensart kann erst in der Zeit entstanden sein, als Feuerwaffen im Einsatz waren. Vorderladerkanonen wurden gezündet, indem man eine glimmende Lunte von außen an das mit Schwarzpulver gefüllte Zündloch heranführte. Diese Lunte bestand aus Hanfschnüren, die mit Salpeter und Bleizucker getränkt waren. Man kann sich vorstellen, dass das Glimmen solcher Lunten nicht ohne beißende Qualmentwicklung vor sich ging. Die Redewendung nimmt darauf Bezug, denn der Gestank verriet den Feinden einen bevorstehenden Beschuss oder den Standort eines verborgenen Geschützes, dessen Mannschaft die Lunte glimmen ließ. Bei der Luntenzündung verzischte manchmal nur das Schwarzpulver im Zündloch, während der eigentliche Schuss nicht losging und die Kugel im Lauf blieb. Man hatte es also *abblitzen* lassen – im Krieg ein Missgeschick, das das Leben kosten konnte, heute als Begriff bei gescheiterten Annäherungsversuchen in Verwendung.

„Das geht aus wie das Hornberger Schießen"

mit großem Getöse etwas ankündigen, das dann ohne Ergebnis endet

Der Brauch des Salutschießens hat eine Geschichte mit vielen Anekdoten. Den Bewohnern des Städtchens Hornberg im Schwarzwald wird beispielsweise nachgesagt, dass sie 1564 ihren Landesherrn, den Herzog von Württemberg, standesgemäß mit Salutschüssen empfangen wollten. Die Kanonen waren – selbstverständlich ohne Kugeln – geladen und schussbereit, als sich in der Ferne eine Staubwolke sehen ließ. Das Volk jubelte und die Kanoniere absolvierten die für einen Landesherrn übliche Schussfolge. Leider stellte sich heraus, dass die Staubwolke von einer einfachen Postkutsche stammte. Die Kanonen feuerten dann noch einmal, was das Pulver hergab, als man den Staub einer Rinderherde, die auf die Stadt zu getrieben wurde, ebenfalls fehlinterpretierte. Als der Herzog endlich kam, hatte man *sein Pulver verschossen.* Heute lässt sich aus dieser damals peinlichen Geschichte natürlich trefflich Tourismusmarketing betreiben ...

„Blaues Blut haben"

adlig sein

In der heutigen Zeit ist „gesunde Bräune" das Ideal, und manche Zeitgenossinnen und -genossen strapazieren ihre Haut auf Sonnenbänken, als ob sie auf der nächsten Lederwarenmesse ausgestellt werden wollten. Ist es nicht seltsam, dass früher Bräune ein Zeichen von Armut war? Die arbeitende Bevölkerung, die ihrem Tagewerk meist unter freiem Himmel nachging, wies zwangsläufig eine kräftige Hautfarbe auf. Die Angehörigen des Adels, die in der Regel andere Menschen für sich arbeiten ließen, hielten sich dagegen in ihren, die Katen der Bauern an Luxus weit in den Schatten stellenden Herrenhäusern auf - ihre Haut blieb weiß. Diese vornehme Blässe entwickelte sich, als Zeichen für Reichtum und Müßiggang, sogar zum Statussymbol. Wenn sich keine Pigmente in der Haut bilden, zeichnen sich die Venen ab, deren Blut im Gegensatz zum arteriellen einen bläulichen Ton hat. Beim blassen Adligen konnte man glauben, dass in seinen Adern blaues Blut floss. Die Wertigkeit von blasser und gebräunter Haut hat sich wie gesagt inzwischen ins Gegenteil verkehrt, wobei das wachsende Hautkrebsrisiko den Trend irgendwann möglicherweise auch wieder umkehren wird.

„Einen Zacken aus der Krone brechen"

im Ansehen herabsinken, etwas unter seiner Würde tun

Selbstverständlich denkt jeder, der diese Redensart hört, gleich an die typischen Kronenträger der Geschichte, die Könige. Aber auch in der Hierarchie darunter stehende Adlige wie Fürsten, Grafen und Barone hatten ihre Kronen, zwar nicht auf dem Kopf, aber als Schmuck und Statussymbol auf dem Wappenschild. Und damit hat diese Redewendung zu tun. An diesen Wappenkronen konnte man nämlich den Rang des Wappeninhabers erkennen, und zwar an der Zahl der Zacken. Je mehr Zacken die Krone hatte, desto höher der Rang. Die Redensart bedeutet also, dass man, wenn man etwas unter seiner Würde tun muss, Angst hat, nicht mehr seinem Status entsprechend angesehen werden könnte. Die gelegentlich gehörte Theorie, dass eine unstandesgemäße Heirat den Verlust eines Zackens aus der Wappenkrone, die ja scheinbar Zacken verlieren konnte, mit sich gebracht habe, ist jedoch nicht zu halten.

„Sich aufs hohe Ross setzen"

hochmütig, stolz, eingebildet sein

Das Pferd ist neben dem Hund das am frühesten domestizierte Tier. Seit Jahrtausenden wird es vom Menschen für Arbeit, Krieg und Vergnügen genutzt. Einfache Leute hatten Esel oder nahmen Ochsen als Zugtiere vor dem Karren, ein Pferd konnten sich nur die Reichen leisten. Aber es gibt noch eine weitere Verwendung, die vor allem mit der Aufteilung der Gesellschaft in Oben und Unten zu tun hat. Über viele Jahrhunderte benutzte die Obrigkeit Pferde, um sich nicht nur bequem von Ort zu Ort zu bewegen, sondern auch, um ihre gehobene Position zu betonen. Erst das Automobil löste in der Zeit vor dem 1. Weltkrieg das Pferd ab. Der Adlige ging also möglichst nicht zu Fuß, sondern ritt zu Pferde. Von dort konnte er gut auf die Untertanen hinabschauen, denen gegenüber er oft Willkür walten ließ. Kein Wunder, dass sich Ausdrücke wie *Hochtrabend* und *Hoch zu Ross* gebildet haben, und auch das Eigenschaftswort *Aufsässig* kommt daher.

„Auf großem Fuße leben"

luxuriös leben, viel Geld ausgeben

Die Redensart hat ihren Ursprung im 12. Jahrhundert. Ein Graf von Anjou hatte sich nämlich Schuhe mit besonders langer Spitze machen lassen, weil er an einem Fuß eine Geschwulst hatte und normales Schuhwerk nicht tragen konnte. Weil er im Rufe stand, ein Vorbild für Eleganz zu sein, eiferten ihm seine Zeitgenossen nach und ließen sich ebenfalls lange Schuhe machen. Schließlich waren folgende Längenmaße für Schuhe üblich, ausgehend von der Maßeinheit 1 Fuß des normalen Bürgers: Ritter 1 1/2 Fuß, Baron 2 Fuß, Fürst 2 1/2 Fuß. Die Mode treibt ja auch heute noch seltsame Blüten, man denke nur an die Plateausohlen der 70er Jahre. Insofern sollten sich Menschen des 21. Jahrhunderts nicht darüber lustig machen, dass im 12. die Länge der Schuhe auf das Ansehen des Trägers schließen ließ. Erst nach 1500 wurde diese Mode unter Kaiser Karl V. abgeschafft. Dass zu einigen Ritterrüstungen lange spitze Schuhe gehören, hat seinen Grund darin, dass man mit einem spitzen Schuh den Steigbügel besser treffen konnte.

„Jemandem etwas abknöpfen"

jemanden um Geld erleichtern

Verbreitet ist die Vermutung, dass adlige Herren früher echt goldene Knöpfe an ihrer Kleidung trugen. Wenn sie auf ihren Latifundien unterwegs gewesen seien, habe es passieren können, dass sie einem Untertanen einen Dienst vergelten oder ein Trinkgeld geben wollten. Wenn gerade kein Bargeld zur Hand gewesen sei, sei es Usus gewesen, einfach einen der goldenen Knöpfe abzureißen und dem Betreffenden in die Hand zu drücken. Der habe dann seinem Herrn im wörtlichen Sinn **etwas abgeknöpft.** Diese Interpretation hat Schwächen. Erstens hätte ein Untertan wenig mit einem goldenen Knopf anfangen können; wenn er versucht hätte, ihn zu Geld zu machen, wäre er vielmehr des Diebstahls verdächtigt worden. Und zweitens deutet schon die transitive Form des Verbs darauf hin, dass man sich nicht selbst etwas abknöpfte, sondern einem anderen. Deshalb wird wohl jene Deutung die richtige sein, dass es Leute gibt, die so gutmütig oder vertrauensselig sind, dass man ihnen ohne Widerstand einen Knopf von der Jacke nehmen könnte.

„Den Hut ziehen"

Leistung anerkennen

Früher war ein Hut ein Statussymbol, er zeichnete den freien Bürger aus. Knechte hätten es nicht wagen dürfen, einen Hut zu tragen, für sie kam höchstens eine Mütze in Frage. Noch weit bis ins 20. Jahrhundert hinein ging der Mann ab einem bestimmten Alter nicht ohne Hut aus dem Haus. Gleichzeitig galt es als unhöflich, beim Grüßen den Hut aufzubehalten. Das Lüften des Hutes ist seit dem 13. Jahrhundert als Grußgeste belegt. Man zeigte damit, ähnlich wie mit dem „Diener", der Verbeugung, dass man sich dem Gegenüber symbolisch unterordnete, wobei es natürlich eine Rangfrage war, wer vor wem zuerst den Hut zog. In der christlichen Kultur ist es aus demselben Grund selbstverständlich, dass ein Mann eine Kirche barhäuptig betritt. Heutzutage ist die Geste eine reine Formalität, die nichts mehr mit Rangunterschieden zu tun hat. Allerdings ist das Tragen von Hüten zum Leidwesen der Hutmacher total aus der Mode gekommen.

„Als Prügelknabe herhalten"

für jemand anderen bestraft werden

Es wäre ein interessantes psychologisches Experiment, wie heute Kinder reagieren würden, wenn anderen an ihrer Stelle Schmerzen zugefügt würde. Abwegiger Gedanke? Keineswegs. Als König Konrad IV. von Hohenstaufen (1228-1254) noch ein Junge war, soll einer seiner Kameraden für die Verfehlungen Konrads bestraft worden sein. In Frankreich bekam ein junger Husar für Delikte des jungen Ludwig XV. die Hiebe. Auch im England des 17. Jahrhunderts durfte an Adligen die Prügelstrafe nicht vollzogen werden. Stattdessen musste ein Gleichaltriger vor den Augen des Missetäters die Schläge über sich ergehen lassen. Man nannte ihn „whipping-boy – Peitschenjunge". 1643 wurde ein gewisser William Murray, Prügelknabe für König Charles I., von diesem sogar zum Earl erhoben, wohl als Wiedergutmachung. Über Konrad den Hohenstaufen wird übrigens gesagt, dass er sich fürderhin große Mühe gegeben habe, nicht straffällig zu werden, weil er es nicht habe ertragen können, dass ein Unschuldiger an seiner Statt geschlagen wurde. Wie heutige Halbwüchsige wohl reagieren würden?

„Mit jemandem ist nicht gut Kirschen essen"

jemand ist sehr unfreundlich

Es gibt verschiedene Arten, einen Mitmenschen seine Verachtung spüren zu lassen. Als noch viel geraucht wurde, konnte es passieren, dass ein Raucher seinem Gegenüber arrogant den Rauch einer Zigarette ins Gesicht blies. Vor Jahrhunderten gab es andere Genussmittel, meist gesündere. Die Süßkirsche zum Beispiel wurde in Kloster- und Schlossgärten angebaut und war ein begehrtes Naschwerk, das – von einem möglicherweise lebendigen Inhalt einmal abgesehen – nur einen Nachteil hatte: den Kern. Dessen entledigte man sich normalerweise dezent in die Hand oder in den Straßengraben. Es soll aber Obrigkeiten gegeben haben, die kein Hehl daraus machten, dass der einfache Mann weit unter ihnen stand; sie ignorierten ihn einfach, mit für diesen ärgerlichen Folgen - die ausführliche Version dieser Redensart lautet nämlich „Mit hohen Herren ist nicht gut Kirschen essen, sie spucken einem die Kerne ins Gesicht."

Das „Bussi-Bussi!"

Es gibt viele Arten der Begrüßung, von der Verbeugung über den Handschlag bis zur Umarmung, vom im Ostblock rituell praktizierten Bruderkuss ganz zu schweigen. Apropos Kuss: Unter besten Freundinnen, aber auch zunehmend zwischen Politikern verschiedenen Geschlechts wird ein Küsschen in zwei- oder gar dreifacher Ausführung praktiziert, bei dem man bzw. frau den Gegner – pardon: Partner – andeutungsweise in den Arm nimmt und ebenfalls andeutungsweise auf die Wange schmatzt. Mit Liebe kann das ja nichts zu tun haben; die Wurzeln dieses Grußes reichen viel weiter zurück: Im Mittelalter war die sogenannte Akkolade Teil der Aufnahmezeremonie in einen Ritterorden. Es handelte sich um eine feierliche Umarmung, die zeigen sollte, dass man Teil einer Gemeinschaft geworden war. Davon ist das Küsschen-Küsschen auf die Wange erhalten geblieben; die Anstandsregel besagt aber, dass sich diese Geste nicht gleich für ein erstes Treffen eignet, da hier in die „intime Distanz" eingedrungen wird ...

„Auf den Hund kommen"
wirtschaftlich ruiniert werden

Für diese Redewendung gibt es mehrere einleuchtende Erklärungen: Zum Beispiel wurde im Mittelalter das Geld zuhause in einer Holztruhe aufbewahrt. Abergläubisch, wie die Menschen nun mal waren, malten oder ritzten sie in den Boden der Truhe das Bild eines Hundes, der symbolisch den Schatz bewachen sollte. Holte man die letzten Taler heraus, wurde der Hund sichtbar; dann war man auf den Hund gekommen, man war pleite. Eine andere Erklärung geht darauf zurück, dass Bauern Ochsen als Zugtiere und Esel zum Tragen einsetzten. Wenn man sich weder Ochs noch Esel leisten konnte, musste man einen Hund zum Ziehen einsetzen, man war auf den Hund gekommen. Eine dritte Erklärung ist etwas merkwürdig. Einem wegen Landfriedensbruch verurteilten Adligen blieb nämlich das Hängen erspart. Um zu zeigen, dass er eigentlich wie ein Hund aufgehängt gehörte, musste er stattdessen einen toten Hund durch die Straßen tragen ...

„Den Hof machen"

eine Frau umwerben

Der Hof Ludwigs XIV. bestimmte die Sitten der höfischen Gesellschaften überall in Europa. Hier entstand der Ausdruck „faire la cour". Dabei ist unter „Hof" die gesamte Umgebung eines Fürsten zu verstehen, nicht nur sein Hofstaat, nicht nur die berüchtigten Hofschranzen mit ihren Puderperücken und Kratzfüßen. Alle in seinem direkten Umfeld Dienenden machten seinen Hof aus, und es konnte in der Zeit des Absolutismus lebenswichtig sein, in jeder Hinsicht *höflich* zu sein. Die Redewendung nahm ihre Entwicklung von der devoten Artigkeit der Höflinge gegenüber ihrem Fürsten hin zur höflichen Werbung des Galans um die Gunst seiner Dame. Heute ist sie fast ausschließlich in diesem Sinne gebräuchlich, sofern Höflichkeit in Zeiten des lockeren Umgangs zwischen den Geschlechtern überhaupt noch eine Rolle spielt. Auf der politischen Ebene glaubt man zwar hin und wieder einen Hofstaat wahrzunehmen, aber die königlichen Zeiten sind wohl vorbei ...

Das „Schäferstündchen"

trauliches Beisammensein von Verliebten

Bei einem Schäferstündchen ist in der Regel kein Schäfer anwesend. Dieser merkwürdige Ausdruck kommt aus Frankreich. Hier entwickelte sich im Barock, mehr noch im Rokoko an den Fürstenhöfen ein überfeinertes Zeremoniell. Wie meist bei Übertreibungen entstand eine Bewegung, die das genaue Gegenteil propagierte. Es wurde nun eine naturnahe Lebensweise idealisiert, die man, wohl weil es dort nicht so schmutzig zuging wie auf dem Bauernhof, beim Schäfer fand. Hier war die Welt noch in Ordnung, und die Arbeit dieses Berufsstandes – den ganzen Tag den Schäfchen beim Grasen zuschauen – schien nicht so mühselig. Es entwickelte sich die sogenannte „bukolische Dichtung" und es wurden – nach dem lateinischen Wort „pastor" für „Hirte" – „Pastoralen" komponiert. Man stellte mit einigen Schafen als Statisten Schäferszenen im Park nach und benahm sich in ländlicher Idylle möglichst ungezwungen, wobei natürlich Schäferinnen dazu gehörten ...

„Es zu bunt treiben"

etwas übertreiben

Dem mittelalterlichen Menschen war es untersagt, etwas anderes als graue, braune oder blaue Kleidung zu tragen. Dazu muss man wissen, dass das mittelhochdeutsche Wort „bunt" abgeleitet wird von dem in der Klosterkultur gebräuchlichen Begriff „punctus", womit schwarze Stickerei auf weißem Grund gemeint war. „Buntes" war also ursprünglich nur schwarz-weiß im Gegensatz zu einfarbig. So wurde gestreifter oder gefleckter Pelz „Buntwerk" genannt, also zum Beispiel das nur von Fürsten getragene Futter aus weißen Hermelinfellen, verziert mit schwarzen Schwanzspitzen. Man sagte „kunterbunt", wenn man mehrere Farben gleichzeitig meinte, und erst im 14. Jahrhundert änderte sich die Bedeutung des Wortes „bunt" zu „vielfarbig". Zurück zur Kleidervorschrift: Im Jahr 1337 sprach sich die Kölner Synode gegen gescheckte, übertrieben bunte Kleidung aus. Wenn man es also zu bunt trieb, verhielt man sich nicht standesgemäß, ungebührlich.

„Unter aller Kanone"

miserables Ergebnis

Diese Redewendung ist nicht sehr alt, obwohl die meisten Nutzer ihren Ursprung im Zeitalter der Vorderladergeschütze vermuten werden. Aber hier geht es um etwas ganz anderes, nämlich um Schule und Noten. Auch in den Lateinschulen des 19. Jahrhunderts gab es natürlich Zensuren. Die Notenskala hieß dort „Canon". Und nun ahnt man schon, dass die Redewendung, obwohl scheinbar eine Kanone darin vorkommt, nichts mit dem Militär zu tun hat. Sie ist vielmehr eine scherzhafte Übersetzung des lateinischen „sub omni canone − unterhalb aller Wertung" − , wie es damals ein Lehrer unter einen völlig ungenügenden Leistungsnachweis schrieb; er stufte ihn bewertungsmäßig unterhalb der vorhandenen Maßstäbe ein. Ob seine Schüler nun tatsächlich ihre Vokabeln nicht gelernt hatten oder noch im Misserfolg nicht um einen dummen Spruch verlegen waren, jedenfalls übersetzten sie das vernichtende Urteil mit **Unter aller Kanone,** und das ist es bis heute geblieben.

„Heulen wie ein Schlosshund"

übertrieben laut jammern

Die Interpretation, dass es sich bei dem Hund in dieser Redensart um einen in einem Schloss handeln müsse, fällt auf die Doppeldeutigkeit des Wortes „Schloss" herein – ein Teekesselchen, wie Kinder das nennen. Bei dem hier gemeinten Schloss handelt es sich nicht um die Residenz einer adligen Familie, sondern um den sinnreichen Mechanismus, mit dem man etwas verschließen kann. Ein solches Schloss verwendet man nicht nur bei Türen aller Art, sondern man schließt auch – in diesem Fall mit einem Vorhängeschloss – eine Kette an einer Wand an. Und am anderen Ende der Kette heult der Kettenhund, den man früher eben auch Schlosshund nannte. Dieser Wachhund war das Gegenteil von einem Schoßhund, er war dazu da, auf den Hof aufzupassen, und war deshalb bei Wind und Wetter draußen. Da hatte er kein besonders bequemes Leben, weswegen ihm verziehen werden soll, dass er gelegentlich vor Ärger heult wie ein Schlosshund.

„Alle Brücken hinter sich abbrechen"

sich den Rückweg bewusst selbst verbauen

Auf einigen Burgen hört man, dass man früher den Bergfried, den Hauptturm der Burg, nur über eine Brücke habe erreichen können, die man hinter sich abgebrochen habe. In der Tat findet man bei fast allen dieser hohen Türme den Eingang in unerreichbar scheinender Höhe. Viele dieser Bergfriede hatten tatsächlich die Funktion einer letzten Zufluchtsmöglichkeit im Falle einer Eroberung der Burg. Dann war es nützlich, wenn die Eingangstür zum Turm nicht dem direkten Zugriff des Aggressors ausgesetzt war. Man baute sie deshalb hoch oben ein, und die Burgbesatzung erreichte die Tür nicht über eine Brücke, sondern nur über eine Leiter, die man anschließend zu sich herein ziehen konnte. Das Sprichwort von den hinter sich abgebrochenen Brücken stammt nicht aus der Burgenzeit, sondern ist viel älter. Schon in römischen Quellen liest man den Satz „Pons a tergo abruptus est – Die Brücke ist hinter dem Rücken abgebrochen worden". Offenbar wollte ein Kommandeur seine Soldaten dadurch motivieren, dass es keinen Weg zurück gab, sondern nur den siegreichen Vormarsch – oder den Untergang.

„Mit Hängen und Würgen"

Von Kerbhölzern und Daumenschrauben

„Nach Jahr und Tag"

nach geraumer Zeit

D iese Redewendung hat ihren Ursprung in einer mittelalterlichen Rechtsvorschrift, die wichtig war für Geschäftsabschlüsse und Eigentumsfragen. Ursprünglich verwies die Formel auf einen Zeitraum von einem Jahr, sechs Wochen und drei Tagen. Diese ungewöhnliche Frist kam dadurch zustande, dass drei Zeitspannen addiert wurden. Das Landgericht, das unter anderem für Beglaubigungen zuständig war, tagte alle sechs Wochen, übrigens schon seit der Zeit Karls des Großen. Seine Sitzungsperiode betrug drei Tage. Die Einspruchszeit verjährte nach einem Jahr. Deshalb kam genau diese Frist von einem Jahr, sechs Wochen und drei Tagen zustande, kurz Jahr und Tag genannt. Dann war das Urteil nicht mehr anfechtbar, aber auch Erbe oder Kauf waren erst dann endgültig rechtskräftig.

„Stein und Bein schwören"

besonders nachdrücklich versichern

D ie Redewendung, die eine typische Zwillingsformel beinhaltet, ist seit dem 16. Jahrhundert belegt, Stein und Bein tauchen aber schon drei Jahrhunderte früher formelhaft verbunden auf. Der Ausdruck entstammt wohl nicht dem Bereich der alten Rechtsbräuche, obwohl man lange vermutete, dass in Stein und Bein heidnische und christliche Rituale verbunden sein könnten. Die Germanen berührten nämlich beim Schwur einen heiligen Stein, während Bein, also Knochen, die Reliquien eines Heiligen im Altar meinte, vor dem der christliche Ritter seinen Eid ablegte. Durch diese Verbindung heidnischer und christlicher Schwurbräuche könnte eine intensivierende Verdoppelung beabsichtigt sein. Diese Interpretation ist aber sprachgeschichtlich wegen des alleinigen Gebrauchs der Substantive ohne Präpositionen wie „bei" oder „auf" wohl nicht haltbar. Man geht deshalb davon aus, dass die beiden Begriffe gemäß ihren sprichwörtlichen Eigenschaften, nämlich „steinhart" und „knochenhart", zur Verstärkung einer Aussage oder eines sprachlichen Bildes, aber eben auch eines Eides genutzt wurden.

„Etwas auf die lange Bank schieben"

eine Aufgabe vor sich herschieben

Zur Herkunft dieser seit dem 15. Jahrhundert bekannten Redewendung gibt es unterschiedliche Deutungen. Im Mittelalter wurden bei Gerichtsprozessen die Akten nicht in ein Regal, sondern auf eine stabile Bank oder eine bankähnliche, niedrige Truhe gestellt; je schwieriger die Urteilsfindung war, desto mehr Akten wurden auf diese lange Bank geschoben und desto länger dauerte der Prozess. Eine andere Erklärung ist folgende: Wenn ein Gerichtsverfahren an die nächsthöhere Instanz verwiesen wurde, fand es dort vor einer größeren Zahl von Schöffen statt, die eine längere Bank brauchten. Und schließlich wurde die Sitzbank der Reichsstände auf dem Immerwährenden Reichstag zu Regensburg (1663-1806) die „lange Bank" genannt. Sie hatte ihren Spitznamen zu Recht, denn dort saßen Vertreter zahlreicher Interessengruppen. Andererseits bedeutete es für eine Anfrage an den Reichstag, die dieser an die Reichsstände zur Beratung weitergeleitet hatte, dass ihre Antragsteller wegen der vielen Mitspracheberechtigten mit einer längeren Bearbeitung rechnen mussten.

„Zeter und Mordio schreien"

panisch um Hilfe rufen

Ein mittlerweile selten gehörtes Verb lautet „zetern". Es hat seinen Ursprung im Ausdruck „Zeter", der aus dem mittelhochdeutschen „ze aehte her – Zur Ächtung herbei!" hergeleitet wird. Wenn jemand in höchster Bedrängnis „Zeter!" rief, also zeterte, konnte er sich darauf verlassen, dass ihm Mitbürger sofort zu Hilfe kamen. In der Doppelformel Zeter und Mordio steckt als weiterer Ausdruck ein aus dem Notschrei „Mord!" entstandenes „Mordio". Aus diesem eigentlich in Notsituationen verwendeten doppelten Hilfeschrei entwickelte sich die formalisierte Wendung Zetermordio, mit der der Ankläger mittelalterliche Gerichtsverfahren über Mord und ähnliche Delikte eröffnete. Möglicherweise verlor der eigentlich ja dramatische Ausruf wie jede zur Routine gewordene Formel an Wirkung, ähnlich dem „Ceterum censeo", mit dem bekanntlich Cato jede seiner Reden beschloss.

„In die Schuhe schieben"

einem anderen die Schuld geben

In den Herbergen der wandernden Handwerksgesellen ging es recht rustikal zu, und die Gesellenehre war nicht immer so ausgeprägt, als dass nicht doch schon mal fremdes Eigentum, vor allem Taler und andere Münzen, auf unehrliche Weise den Besitzer gewechselt hätte. So ein Diebstahlsverdacht konnte dazu führen, dass es manchmal noch im Schlafsaal zu einer Untersuchung durch die Obrigkeit kam, inklusive Leibesvisitation. Dann musste das corpus delicti, meist ein Geldstück, schnellstens verschwinden, und da bot sich der Schuh des Bettnachbarn an. Das war sicher nicht die feine Handwerkskunst, was ja dann auch zu dem negativen Unterton dieser Redensart geführt hat.

„Einen Denkzettel verpassen"

nachdrücklich in Erinnerung rufen

Das Wort Denkzettel stammt ursprünglich aus dem Rechtsvokabular des 15. Jahrhunderts, wo es Urkunde, schriftliche Nachricht, aber auch Mahnung, Vorladung zum Gericht oder sogar Klageschrift bedeuten konnte. Später taucht der Denkzettel in der frühen Pädagogik auf. Im 16. Jahrhundert waren die Erziehungsmethoden in den Klosterschulen nicht sehr zartfühlend. So war es in den Internaten des Jesuitenordens üblich, auffälligen Schülern ihre Sünden per Merkblatt vor Augen zu führen. Bei wiederholtem Verstoß gegen die Hausordnung hängte man Schülern so genannte Schandzettel um den Hals, auf denen die Verfehlungen aufgeführt waren. Je nach Schwere der Missetat mussten diese Schüler ihre Denkzettel tagelang während des Unterrichts und in der Freizeit tragen, was natürlich ihre Mitschüler nicht unbedingt solidarisch zur Kenntnis nahmen. Daraus leitet sich die heutige Bedeutung des Begriffs Denkzettel ab: eine – durchaus auch körperlich verabreichte – Gedächtnisauffrischung.

„Etwas auf dem Kerbholz haben"

etwas Unrechtes getan haben

Zu Zeiten, als noch viele Menschen nicht lesen und schreiben konnten und es deshalb noch keine Verträge und Quittungen gab, war das Kerbholz das wichtigste Hilfsmittel für das Aufzeichnen von Lieferungen und Arbeitsleistungen. Das Kerbholz war eigentlich gar kein einzelnes Holz. Entweder bestand es aus zwei aufeinander passenden Hölzern, also zwei Holzlatten, von denen sich eine im Besitz des Schuldners und das Gegenstück in der Obhut des Gläubigers befanden. Erhielt zum Beispiel ein Käufer einen Kredit, so wurden auf den nebeneinander gelegten Hölzern durchgehende Kerben eingeschnitten, geritzt oder gebrannt. Oder das Kerbholz wurde erst nach dem Einkerben gespalten und jeder Partner erhielt einen der beiden Teile. Nach Bezahlung der Schuld wurde auf beiden Hölzern mit einem Messerschnitt „abgekerbt". So war das Holz mit den Kerben unter anderem geeignet, Schulden und korrespondierend Außenstände festzuhalten, wobei es natürlich für je zwei Geschäftspartner ein eigenes Kerbholz gab. Da meist Schulden auf dem Kerbholz gestanden haben werden, hat das zum negativen Unterton dieser Redensart geführt.

„Ein Auge zudrücken"

nachsichtig behandeln

Diese Redewendung hat nichts mit unserer Redensart „beide Augen zudrücken" und schon gar nichts mit dem Motto einer Mainzer Fernsehanstalt – „Mit dem Zweiten sieht man besser" – zu tun. Vielmehr hat die Aufforderung, ein Auge zuzudrücken, vermutlich ihren Ursprung in einer alten bäuerlichen Rechtssatzung. Darin steht, ein Richter solle „einen einäugigen Büttel auf einem einäugigen Pferd" zu einem Beschuldigten schicken, wenn er diesem gegenüber andeuten wolle, dass er unter Umständen Gnade vor Recht ergehen lassen werde. Einmal abgesehen von der Schwierigkeit, nicht nur einen Gerichtsdiener mit nur einem Auge, sondern zusätzlich noch ein solches Pferd aufzutreiben, ist die Logik des Vorgangs nicht so recht nachvollziehbar. Aber dieser überdeutliche Hinweis dürfte auf den Adressaten etwa den gleichen Effekt gehabt haben wie der bekannte „Wink mit dem Zaunpfahl".

Etwas „besitzen"

zum Eigentum haben

Viele Informationen über das Mittelalter haben wir aus Urkunden, in denen Hinweise auf Geschlechter, Burgen und ganze Städte erstmals auftauchen. Aber nicht bei allen Besitzerwechseln von Grundstücken wurden Urkunden ausgefertigt. Stattdessen waren auch symbolische Handlungen üblich, die einen rechtlichen Vorgang gültig machten. Einige solcher Handlungen kommen uns heute merkwürdig vor; zum Beispiel musste bei einem Eigentümerwechsel der neue Herr sein Grundstück drei Tage hintereinander regelrecht „besetzen", um sich als rechtmäßiger Eigentümer zu beweisen. Das heißt, er musste auf seinem Land wortwörtlich sitzen, und zwar auf einem dreibeinigen Stuhl, und dort Gäste bewirten. Erst dadurch brachte er es in Besitz, wurde seine Rechtsstellung deutlich gemacht. Und warum ausgerechnet auf einem Stuhl mit drei Beinen? Aus praktischen Gründen: Auf unebenem Untergrund wackelt ein normaler vierbeiniger Stuhl, weil fast immer ein Bein keine Bodenberührung hat.
Ein dreibeiniger Stuhl dagegen steht immer stabil.

„Auf keinen grünen Zweig kommen"

erfolglos sein

Wie beim Stichwort „Besitzen" erläutert, waren im Mittelalter symbolische Handlungen wichtig, die einen rechtlichen Vorgang gültig machten. Diese Handlungen standen meist in einem metaphorischen Zusammenhang mit dem betreffenden Akt. So wurde beim Landverkauf die Übergabe des Grundstücks durch die Überreichung eines grünen Zweiges, der in eine Erdscholle vom verkauften Boden gesteckt war, vom Vorbesitzer zum Erwerber begleitet. Wer also auf keinen grünen Zweig kam, hatte keinen Grund und Boden, war kein freier Bauer, sondern ein landloser Tagelöhner.

„Mit Haut und Haar"

vollständig, ganz und gar

S tabreimende Zwillingsformeln wie „Bausch und Bogen", „Kind und Kegel", „Haus und Hof", „Mann und Maus" sind meist sehr alt. Auch bei „Haut und Haar" handelt es sich um eine Wendung, die zum ersten Mal im „Sachsenspiegel", dem im 13. Jahrhundert von Eike von Repgow verfassten ältesten Rechtsbuch des deutschen Mittelalters, vorkommt. Die Redensart stammt von einem Rechtsbrauch, gemäß dem eine Strafe „an Haut und Haar" verhängt wurde, in der Regel bei kleineren Vergehen. Dabei stand „Haut" für die Prügelstrafe, genauer das Auspeitschen mit der Rute, während „Haar" das schändliche Abschneiden des im Mittelalter immer lang getragenen Haupthaares meinte. Die Prozedur fand zur Entehrung des Delinquenten und zur Abschreckung von Nachahmungstätern öffentlich, zum Beispiel auf dem Pranger, statt. Weil die juristische Formel Haut und Haar auch allgemein für „Leben" stand, ist die heutige Bedeutung gar nicht so abwegig.

„In Bausch und Bogen"

alles in allem, im Ganzen

W enn man etwas „aufbauscht", macht man es größer, als es ist. Der Begriff stammt aus dem alten Vermessungswesen. Grenzen von Grundstücken sind ja meist nicht exakt gradlinig, sondern verlaufen mal mit Ausbuchtungen, mal mit Einschränkungen. Die nach außen ausholende Grenze wurde früher als „Bausch", die nach innen verlaufende als „Bogen" bezeichnet. Wurde ein Stück Land in Bausch und Bogen verkauft, so wurde nach einer die Einzelheiten vernachlässigenden Pauschalisierung verfahren, weil man davon ausging, dass das Zuviel einer konvexen Linienführung durch das Zuwenig eines anderen konkaven Grenzabschnitts ausgeglichen würde. Und tatsächlich hat sich aus dem Wort „Bausch" das neulateinische Adjektiv „pauschalis" entwickelt, unser heutiges „pauschal". Seit dem frühen 18. Jahrhundert wird auch in der Kaufmannssprache der Begriff *In Bausch und Bogen* im Warenhandel verwendet und bedeutet wie im übertragenen Sinn „vollständig" oder „ganz und gar".

„Etwas an die große Glocke hängen"

eine Information öffentlich verbreiten

Diese Redensart hat zwei mögliche Quellen. Zum einen wurden wichtige Nachrichten noch bis in die zweite Hälfte des 20. Jahrhunderts durch den Gemeindediener verkündet. Dieser war mit einer großen Handglocke bewaffnet, wenn er durch das Dorf ging, um Neuigkeiten aus dem Rathaus auszurufen. Nachdem er mit der Glocke und dem Ruf „Bekanntmachung!" für die nötige Aufmerksamkeit gesorgt hatte, verlas er die amtlichen Mitteilungen. Hatte ein Bürger, zum Beispiel wegen der Entfernung, von der Bekanntmachung selbst wenig verstanden, konnte er sich auf die Information nicht verlassen, sondern hatte nur *etwas läuten hören.* Zum anderen wurden im Mittelalter öffentliche Gerichtsversammlungen durch Schlagen der Kirchenglocke eingeläutet. Die Redewendung hieß deshalb ursprünglich „an die große Glocke schlagen", wurde aber später mit der Wendung „etwas höher hängen" verbunden; tatsächlich wurde aber an eine Glocke nie etwas gehängt.

„Hinter die Ohren schreiben"

jemanden zwingen, sich etwas zu merken

Die Herkunft dieser Redewendung ist für uns heute kaum nachvollziehbar, aber sie stammt von einem alten Rechtsbrauch. Weil früher zwischen einfachen Leuten kaum schriftliche Vereinbarungen getroffen wurden, brauchte man Zeugen bei einem Vertragsabschluss. Und damit diese möglichst lange zur Verfügung standen, bediente man sich junger Leute. Um ihnen die Wichtigkeit des Vorgangs deutlich zu machen, wurde ihnen während des Vertragsabschlusses schmerzhaft an den Ohren gezogen oder es wurden ihnen Ohrfeigen verpasst – an einen Schmerz erinnert man sich länger. Der Ausdruck *Übers Ohr hauen* hat damit allerdings nichts zu tun; er kommt aus der Fechtersprache und stammt von einem Konterschlag auf einen bestimmten Fechthieb. Und woher kommt nun das Wort *Ohrfeige?* Im Mittelhochdeutschen bedeutete „veeg" soviel wie „Hieb, Streich", was ja auch im Wort Fegefeuer noch erhalten ist und in der Wendung *Jemandem eine fegen.*

·RICHDER·

Einen „Vorwurf" machen
anklagen

D ieser Ausdruck hört sich eigentlich gar nicht nach einer mittelalterlichen Redewendung an, gar nicht so, als ob er seine Wurzeln weit in der Vergangenheit hätte. Aber wenn man darauf achtet, dass im Substantiv „Vorwurf" das Verb „werfen" enthalten ist, fragt man sich, wer hier wem etwas **vorwirft.** Damit sind wir wieder bei den mittelalterlichen Rechtsbräuchen, in diesem Fall aus der Constitutio Criminalis Carolina von Karl V., dem ersten einheitlichen deutschen Strafgesetzbuch von 1532. Es war nämlich zum Abschluss eines Verfahrens, das mit einem Todesurteil endete, üblich, dass der Richter über dem Verurteilten seinen Gerichtsstab zerbrach, was ausdrücken sollte, dass keine Berufung mehr möglich war. Die Redewendung **Über jemanden den Stab brechen** mit der Bedeutung „jemanden verurteilen" kommt da her. Dann machte der Richter den besagten Vorwurf: Den zerbrochenen Stab warf er nämlich dem Verurteilten vor die Füße mit den Worten „Nun helf' dir Gott, ich kann dir nicht mehr helfen!".

„Mundtot machen"
zum Schweigen bringen

D iese Redewendung hat überraschenderweise mit dem Mund überhaupt nichts zu tun. Es geht also auch nicht darum, dass hier jemandem der Mund gestopft werden könnte, damit er schweigt. Das hat sich das Volk im Laufe der Zeit so hininterpretiert, wie es ja oft mit uralten Wörtern geschehen ist, die man sich nicht mehr erklären konnte. „Volksetymologie" nennt man so etwas, wenn ähnliche Begriffe verwechselt werden oder eine neue Bedeutung bekommen, weil sie ähnlich klingen. Befragt man aber die wissenschaftliche Etymologie, die Lehre von der Herkunft der Wörter, so wird klar, dass das Wort „Mund" in „mundtot" vom mittelhochdeutschen „munt" stammt, einem Begriff der Rechtsprache, der so viel wie „Schutz" oder „Gewalt" bedeutete. In unserem Wort „Vormund" ist dieses „munt" auch noch enthalten, der ja auch nicht einen vorlauten Mund, sondern die Erziehungsgewalt über jemanden hat. **Mundtot machen** heißt also eigentlich „entmündigen".

„Die Stange halten"

jemanden in Schutz nehmen, Partei ergreifen

Jahrhunderte lang war es ein durchaus normales Mittel, durch einen Zweikampf Streitigkeiten zu klären, zum Beispiel wer die Wahrheit sagte, wenn Aussage gegen Aussage stand. Man ging im Mittelalter nämlich davon aus, dass in einem gerichtlichen „duellum" unter Rittern ein Gottesurteil herbeigeführt würde. Für uns heute ist es natürlich eine unerträgliche Vorstellung, dass so etwas im Prinzip darauf hinauslief, dass der Stärkere Recht hat. Wie dem auch sei, dieser Gerichtskampf hatte Regeln, die das Ganze nicht zu reiner Willkür geraten ließen. Zu deren Durchsetzung wurden Sekundanten bestellt, die, mit einer stabilen Stange ausgerüstet, eingreifen konnten, wenn die Kampfregeln von einem der Kontrahenten verletzt wurden. Sie deckten den Betroffenen, der womöglich am Boden lag, mit der Stange und unterbrachen so den Kampf. Auch im Turnier, dem ritterlichen Kampfspiel, gab es den „Stängler", der demjenigen zum Schutz die Stange hielt, der sich als geschlagen erklärte, um ihn vor weiterem Ungemach zu bewahren.

„In den Wind schlagen"

einen Rat geringschätzig ablehnen

Im „Sachsenspiegel" aus dem 13. Jahrhundert, dem ersten deutschen Rechtsbuch, wird beschrieben, wie damit umzugehen war, wenn ein Beklagter nicht zu einem gerichtlich angeordneten Zweikampf erschien. Ein Gerichtskampf war damals ein anerkanntes Mittel, ein Gottesurteil einzuholen. Wenn also der Kläger sich nicht mit dem Beklagten schlagen konnte, ging man davon aus, dass dieser damit seine Schuld eingestanden hatte. Damit aber der Kläger als Sieger vom Platz gehen konnte, musste er drei Mal in den Wind schlagen, was wohl als symbolische Kampfgeste zu werten ist. Erst mit dieser Rechtsgebärde hatte er den Zweikampf offiziell gewonnen. Die typische *wegwerfende Handbewegung,* die heute noch ausdrückt, dass man eine andere Meinung nicht akzeptiert, könnte ebenfalls noch ein letzter Rest des In den Wind Schlagens sein.

„Im Halse stecken bleiben"

vor Schreck verstummen

Eine beliebte Schülerwette ist, eine Packung Salzstangen zu essen, ohne zwischendurch zu trinken. Eine scheinbar leichte Aufgabe, aber die trockenen Dinger saugen jeden Speichel im Mund sofort auf, und nach kurzer Zeit ist das Schlucken unmöglich. Die Redewendung vom Bissen, der im Halse stecken bleibt, hat etwas mit dieser physischen Unmöglichkeit zu tun, denn ein nur auf den ersten Blick humanes Gottesurteil war, zum Beweis der Wahrheit ein Stück trockenes Brot ohne Wasser herunterzuwürgen. Blieb der Bissen im Hals stecken, war der Beweis für die Schuld des Angeklagten erbracht. Der Druck, eine lebenswichtige Probe bestehen zu müssen, führte fatalerweise sicher oft dazu, dass der Mund vor Stress trocken war – dem armen Kerl war *die Spucke weg geblieben.* Apropos Hals: Heute ist es ein unverzichtbarer Bestandteil einer jeden Kabarett-Rezension zu betonen, dass dem Publikum das Lachen im Halse steckengeblieben sei; ob wegen der Schwärze der Pointen oder wegen der Qualität des Künstlers, sei dahingestellt.

„Die Hand ins Feuer legen"

bürgen, geradestehen

Dieses mittelalterliche Gottesurteil war sicher eines der schmerzhaftesten, denn der Angeklagte musste bei der Feuerprobe eine Zeitlang die Hand ins Feuer halten. Die Richter beurteilten dann nicht, ob er Schmerzen erlitten hatte oder nicht. Als unschuldig galt vielmehr, wer sich entweder gar nicht verbrannte – was sicher höchst selten vorkam – oder wessen Wunden in kürzester Frist wieder verheilt waren. Von einem ähnlichen Gottesurteil ist die Redewendung *Ein heißes Eisen anfassen* erhalten geblieben; in der sogenannten Eisenprobe musste der Beschuldigte ein glühendes Metallstück tragen. Übrigens konnte auch ein anderer Bürger, der von der Unschuld des Angeklagten überzeugt war, stellvertretend diese Proben auf sich nehmen; es ist nicht bekannt, ob sich dazu jemals jemand bereit gefunden hat. Kein Wunder, dass wir heute noch sagen: Da möchte man sich lieber nicht die Finger verbrennen!

„Den Kürzeren ziehen"

unterliegen, verlieren

Gottesurteile waren im Mittelalter weit verbreitet. Die Menschen waren erheblich religiöser als heute und sahen in allem Möglichen, auch im Zufall, das persönliche Eingreifen Gottes. Damit kein Missverständnis aufkommt: Damit war beileibe nicht das Glücksspiel gemeint, denn das wurde ja von der Kirche verteufelt, und Falschspieler wurden geächtet und im Wiederholungsfall sogar mit dem Tode bestraft. Das Losverfahren wurde aber ernsthaft eingesetzt, wenn die Entscheidung über gut und böse nach menschlichem Ermessen nicht möglich war. Dann konnte das Losen mit Halmen, Stroh oder Holzstäbchen nach damaliger Auffassung Aufschluss darüber geben, was Gott für die richtige Lösung hielt. Dabei konnte es natürlich auch zu einem negativen Numerus clausus kommen, indem der, der den kürzesten Strohhalm zog, im Unrecht war. In den Toiletten verschiedener Uni-Mensen hat sich die Redewendung in folgender Form erhalten: „Nimm dir nichts vor mir heraus - du ziehst sowieso den kürzeren!"

Jemanden „überführen"

die Schuld beweisen

Im Mittelalter waren die Möglichkeiten der Kriminalistik begrenzt, man kannte weder Fingerabdrücke noch DNA-Nachweise. Um der Gerechtigkeit bei ungeklärten Mordfällen zum Sieg zu verhelfen, versuchte man, mit Hilfe von Gottesurteilen den Mörder zu überführen. Die sogenannte Bahrprobe war eine dieser Methoden; sie wird sogar im Nibelungenlied erwähnt. Der Verdächtige wurde zu dem auf der Totenbahre liegenden Mordopfer hinüber geführt. Er musste seine Hand auf die tödliche Wunde legen und seine Unschuld beschwören. Wenn dann die Wunde wieder anfing zu bluten, galt der Verdächtige als schuldig, andernfalls nicht. An manchen Orten wurde diese Probe noch bis ins 17. Jahrhundert praktiziert, bis sie, wohl im Zuge der Aufklärung, endgültig als juristisches Beweismittel ausgedient hatte. Dass heute diese doch äußerst fragwürdige Beweisführung die Vokabel für kriminalistische Ermittlungsarbeit liefert, dürfte alle Krimi-Fans gruseln lassen ...

„Etwas aus dem Effeff beherrschen"

etwas gründlich können, Erfahrung besitzen

Dies ist eine der Redewendungen mit den meisten plausiblen Erklärungen. Ist ff in Wahrheit ein unsauber geschriebenes griechisches π (Pi), mit dem bis ins 16. Jahrhundert Juristen die „Pandekten", Bestandteile des Römischen Rechts, abgekürzt haben? Oder steht ff für „folgende Seiten" und derjenige, der etwas aus dem Effeff kann, beherrscht demnach nicht nur den Inhalt des Vorworts, sondern auch den Stoff des ganzen Buches? Kommt der Begriff von dem lateinischen „ex forma, ex functione" und bedeutet, dass jemand etwas nicht nur formal beschreiben, sondern auch seine Funktion erklären kann? Oder gibt es eine musikalische Deutung, weil ff in der Musik für „fortissimo - sehr laut", im übertragenen Sinn „nachdrücklich", steht? Oder meint ff beste Qualität, weil Kaufleute seit dem 17. Jahrhundert sehr feine Waren mit ff für „finissimo" bezeichnen? Fragen über Fragen, eine Antwort so schlüssig wie die anderen ...

„Die Daumenschrauben anlegen"

starken Druck ausüben, zu etwas zwingen

Im Mittelalter konnte eine Verurteilung nur auf Grund zweier Augenzeugenaussagen oder eines Geständnisses erfolgen. Im Kampf mit den Ketzern erlaubte Papst Innozenz 1252 erstmals das Mittel der Folter, um Geständnisse zu erzwingen. Die Tortur konnte auch später nicht von sadistischen Folterknechten willkürlich eingesetzt werden, sondern war fester Teil des juristischen Verfahrens. Sie lief in mehreren Stufen ab, wobei erst das Beschreiben, dann das Zeigen der Instrumente und zuerst „leichtere" Anwendungen wie die Daumenschraube aufeinander folgten. Dabei wurden die Daumen des Opfers in einer Art Schraubstock gequetscht, bevor bei renitenten Delinquenten drakonischere Torturen angewendet wurden. Auch der Ausdruck *In die Zange nehmen* entstammt der Folterkammer, denn hier wurde auch mit glühenden Kohlen oder Zangen gequält. Bis in die Neuzeit hinein war es üblich, durch das Quetschen von Fingern eine Aussage wortwörtlich zu *erpressen*. Erst die Aufklärung machte diesen Verhörmethoden, jedenfalls in zivilisierten Staaten, ein Ende.

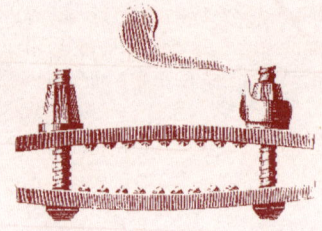

„Auf die Folter spannen"

quälend lange warten lassen

Das Wort „spannen" deutet darauf hin, dass hier die Streckbank gemeint ist. Dieses in der allgemeinen Vorstellung typischste Gerät der Folterkammer war Teil der „peinlichen Befragung", deren Name von „poena – Strafe" abgeleitet ist. Dieses Verfahren wurde 1532 unter Karl V. in der Halsgerichtsordnung oder Constitutio Criminalis Carolina festgelegt, dem ersten deutschen allgemeinen Strafgesetzbuch. Berühmt wurde sie nachmittelalterlich im Zuge der Inquisition und Hexenverfolgung. Das Folteropfer auf der Streckbank wurde mittels einer Kurbelwelle in die Länge gezogen, wobei erst die Bänder gezerrt und dann die Knochen aus den Gelenken gerissen wurden. Die damit verbundenen Schmerzen waren unerträglich, und unsere heutige Redewendung verharmlost die Sache. Da ein solches Foltergerät nicht automatisch arbeitete, sollte man bedenken, dass es immer Menschen gab, die zu einer solchen brutalen Arbeit bereit waren. Erst 1740 wurde die Streckfolter in Preußen abgeschafft, und ab dann kamen die im übertragenen Sinn gebrauchte Redewendung und der Ausdruck **Gespannt sein** in Gebrauch.

„Sich totlachen"

anhaltend schallend lachen

Der Nachweis dieser Redewendung ist etwas unsicher. Ein Lachkrampf als Ursache für einen Todesfall ist so selten, dass man ihn kaum als Ursprung einer Redensart verdächtigen kann. Wahrscheinlicher ist folgende Ursache: Gekitzelt zu werden, gehört zwar zu den eher harmlosen Neckereien. Wenn es aber länger andauert, reizt es zwar zum Lachen, dies aber mit schmerzhaften Begleiterscheinungen. Kitzeln kann so unerträglich sein, dass es im Mittelalter als Foltermethode praktiziert wurde. Auch noch im Dreißigjährigen Krieg wurde von Plünderern die Kitzelfolter eingesetzt in der Absicht, Nahrungsmittel oder Geld von der Bevölkerung zu erpressen; im „Simplicissimus" werden Ziegen beschrieben, die die mit Salz eingeriebenen Fußsohlen des Opfers ableckten. Bei längerer Anwendung trug die raue Zunge der Ziege die Haut ab und der Kitzelreiz ging in einen unerträglichen Schmerz über.

„Ein Schlitzohr sein"

eine gerissene, schlaue, hinterhältige Person sein

Zur Herkunft dieses Spottnamens gibt es zwei ähnliche, aber unterschiedliche Deutungen. Am wahrscheinlichsten ist die Erklärung, dass früher erwischte Missetäter zur Warnung ihrer Mitbürger auffällig markiert wurden, indem ihnen zum Beispiel Zeichen in die Haut gebrannt oder Körperteile, bei Dieben sogar die Hand, entfernt wurden. Ein Schlitz, der Betrügern als Strafe und Kennzeichnung ins Ohr geschnitten wurde, erscheint auf den ersten Blick noch harmlos, war aber sehr folgenreich, denn eine Rehabilitierung war mit so einem Makel wohl ausgeschlossen. Alternativ wird der Ausdruck von der Zunft der Zimmerleute hergeleitet. Alle Gesellen trugen einen goldenen Ohrring, der ihr Notgroschen, ihre eiserne Reserve war; mit ihm konnte im äußersten Fall das eigene Begräbnis bezahlt werden. Hatte ein Geselle grob gegen Regeln verstoßen oder war sogar straffällig geworden, so wurde ihm vom Meister dieser Ring vom Ohr gerissen, was eine schlitzförmige Narbe hinterließ – eine Warnung an weitere Arbeitgeber oder Meister.

„Jemanden brandmarken"

zeichnen, bloßstellen

Brandzeichen sind, vor allem in den USA, ein Mittel, frei laufendes Vieh dauerhaft mit dem Zeichen des Besitzers zu markieren. Diese Nachhaltigkeit einer Brandnarbe wurde im Mittelalter eingesetzt, um Verbrecher auf Dauer zu kennzeichnen. Wohl mit Bezug auf das aus der Bibel bekannte Kainsmal wurde Missetätern, die man laufen ließ, zur Warnung anderer mittels eines glühenden Eisens ein Symbol für ihr Vergehen auf den Leib gebrannt, Falschmünzern zum Beispiel eine Münze. Lotteriebetrüger wurden ebenfalls gezeichnet, um im Wiederholungsfall ertränkt zu werden. Schwerverbrechern wurde für den Weg zur Hinrichtung ein Symbol für die verhängte Todesstrafe, also ein stilisiertes Rad oder ein Galgen, aufgebrannt. Dass man Brandnarben auch als Schmuck sehen kann, ist in Afrika weit verbreitet; in Europa hat sich allerdings die aktuelle Mode des Brandings als Alternative zum Tattoo noch nicht recht durchgesetzt.

„An den Pranger stellen, öffentlich anprangern"

beschuldigen, anklagen, bloßstellen

Der Pranger ist ein mittelalterlicher Schandpfahl. Hier wurden Gesetzesbrecher öffentlich angekettet und dem Spott des Volkes preisgegeben. Eine solche Ehrstrafe sollte nicht unterschätzt werden, denn der Verlust der Ehre wurde damals sehr viel ernster genommen als heute und machte die Wiederaufnahme in die Gemeinschaft unmöglich. Hierher gehört auch der Ausdruck *Etwas anhängen* im Sinne von „üble Nachrede führen". Im Mittelalter wurde Übeltätern am Pranger ein Schandgegenstand, meist ein zum Vergehen passendes Objekt, oder ein Schild angehängt, auf dem der Grund für die Strafe zu lesen war. Erstaunlicherweise ist die Prangerstrafe in Deutschland erst Mitte des 19. Jahrhunderts abgeschafft worden; in anderen Ländern wie China ist das Zurschaustellen von Verurteilten noch heute üblich. Man darf sich allerdings fragen, ob das in unseren Medien immer mal wieder praktizierte *Anprangern* tatsächlicher oder vermeintlicher Übeltäter so viel menschlicher ist ...

„Nicht ungeschoren davonkommen lassen"

einen Beteiligten nicht schonen

Möglicherweise kommt diese Redensart vom Nächstliegenden: vom Scheren der Schafe, bei dem der Schäfer keines seiner Wolleträger ungeschoren davonkommen lässt, warum auch. Aber weil es eine ganze Reihe von Redewendungen gibt, die sich mit dem Scheren oder Abschneiden beschäftigen, könnte noch eine andere Erklärung in Frage kommen, die uns wieder zu den Ehrstrafen führt. Es war nämlich im Mittelalter eine Schande, wenn einem Mann seine Manneszier, gemeint ist der Bart, oder das damals lang getragene Haupthaar geschoren wurde. Das Scheren gehörte dazu, wenn man zum Pranger verurteilt wurde; auch Frauen wurden die Haare abgeschnitten. Die heutige Redewendung *Jemandem die Ehre abschneiden* mit der Bedeutung „jemanden verleumden, in Verruf bringen" kommt daher, dass Verleumdern das lange Gewand gekürzt wurde, und selbst der *Schabernack* hat seine Wurzeln im schändlichen Rasieren des Nackens, das mit einem Schabemesser praktiziert wurde.

Etwas „aufdecken"

eine Tat aufklären

Ähnlich wie Vorwerfen ist Aufdecken scheinbar ein neutrales Verb ohne geschichtlichen Hintergrund. Aber auch dieser Ausdruck, der in jedem Krimi vorkommt, hat seinen Ursprung im Mittelalter. Dazu muss man zunächst wissen, dass damals viele Häuser mit Stroh gedeckt waren. Ein solches Dach kurzerhand zu entfernen, war nicht besonders schwer. Und genau das war ein alter sogenannter Rügebrauch, bei dem Männer auf das Dach eines Übeltäters stiegen und es abdeckten. Auch wenn jemand einen Verbrecher beherbergte und sich weigerte, ihn auszuliefern, wurde ihm das Dach abgedeckt. Dann konnte der Spitzbube verhaftet werden, weil ihn kein *Dach über dem Kopf* mehr schützte. Später entwickelte sich das Dachabdecken, von dem auch die Redewendung *Jemandem aufs Dach steigen* im Sinne von „sich heftig beschweren" kommt, zu einer Ehrstrafe bei Schulden und sittenwidrigem Verhalten. Die Redensart wird seit dem 16. Jahrhundert im übertragenen Sinne verwendet, der Brauch aber war bis ins 17. Jahrhundert verbreitet.

„An den Kragen gehen"

jemanden angreifen

Der Kragen in dieser Redewendung hat nur indirekt mit dem kleidsamen Abschluss des Hemdes oder Jacketts zu tun, den es übrigens erst seit dem 13. Jahrhundert als schmückendes Element an der Kleidung gibt. Mit Kragen ist hier vielmehr der Hals oder der Nacken selbst gemeint. Wir kennen diese Bedeutung des Wortes auch vom Ausdruck *Geizkragen,* was ja dasselbe heißt wie „Geizhals". Wenn es einem Übeltäter an den Kragen ging, wartete also die Todesstrafe auf ihn; aus dem Jahre 1577 gibt es eine Quelle, die den Ausdruck in diesem Sinne verwendet. Durchaus ähnlich wird das Wort verstanden, wenn jemand *Kopf und Kragen riskiert.* Diese einprägsame Doppelformel, noch dazu stabreimend, bezieht sich auf die Todesgefahr. Denn jemand, der das Risiko eingeht, Kopf und Hals zu brechen, nimmt es in Kauf zu sterben.

„Für etwas den Kopf hinhalten"

für einen anderen die Verantwortung übernehmen

Wofür hielt man früher im wörtlichen Sinne seinen Kopf hin? Einerseits als Bürge oder Geisel für einen anderen, für den man im Falle, dass er nicht wiederkam, dessen Strafe übernehmen musste – jeder denkt dabei an „Die Bürgschaft" von Schiller, wo es ja bekanntlich gut ausgeht. Aber auch eine andere Art von Geisel gab es. Wenn ein Burgherr zum Beispiel zu Verhandlungen zu seinem Fehdegegner reisen musste, sicherte er seine Rückkehr dadurch ab, dass er den Sohn des Verhandlungspartners als Bürgen einforderte und so lange in der eigenen Burg in Gewahrsam nehmen ließ, bis er selbst unbeschadet zurückgekehrt war. Übrigens war es zur Zeit der Ritter und Burgen durchaus üblich, in einer Fehde Geiseln zu nehmen und dafür Lösegeld zu fordern. Natürlich gibt es noch eine sehr direkte und brutale Erklärung für diese Redensart: Ein zum Tode Verurteilter musste den Kopf hinhalten, um für sein Verbrechen den Schwertstreich zu empfangen, der ihn genau diesen Kopf kürzer machen sollte.

„Über die Klinge springen lassen"

jemanden fallen lassen, beseitigen

Menschen früherer Epochen gebrauchten aus Aberglauben oft verharmlosende Beschreibungen für Dinge, vor denen sie Angst hatten. Vor allem Tod und Teufel sind Gegenstand zahlreicher Umschreibungen; man versuchte, ihre Nennung zu vermeiden, denn das wäre einer Beschwörung gleichgekommen. Das gilt auch für die Hinrichtung. Die Todesstrafe des einfachen Mannes war der Galgen, während dem Adel die Enthauptung durch das Schwert vorbehalten war, eine, wie man glaubte, weniger ehrlose Strafe. Diese vielleicht honorigere, aber dennoch endgültige Art und Weise, jemanden vom Leben zum Tode zu befördern, umschrieb der Volksmund mit dieser Redewendung. Eigentlich war es ja nur der Kopf, der über die Klinge zu springen schien, wenn das scharfe Richtschwert das Haupt vom Rumpf trennte, aber bald wurde der ganze Vorgang so genannt – ähnlich übrigens auch in England, Frankreich, Schweden, Dänemark und den Niederlanden.

„Eine Galgenfrist einräumen"

Aufschub vor einem unangenehmen Termin gewähren

Die am weitesten verbreitete Hinrichtungsart war der Galgen. Er stand außerhalb der Stadt an einer Stelle, die heute oft noch den Namen „Richtsberg" oder „Rabenstein" trägt. Die Frist zwischen Verurteilung und Hinrichtung verbrachte der Delinquent im Kerker. Hier hatte er die Gelegenheit, über seine Missetaten nachzudenken und sie möglicherweise auch zu bereuen, was für die kirchliche Absolution, die Sündenvergebung, Voraussetzung war. Diese Zeit nannte man nachweislich schon im 16. Jahrhundert Galgenfrist, letzte Gnadenfrist für einen *Galgenvogel.* Dieser Spottname geht zurück auf den Raben, der als Aasfresser die Nähe von mittelalterlichen Hinrichtungsstätten suchte; dann wurde er übertragen auf den Gehängten selbst, später auch auf lebende zwielichtige Personen. *Galgenhumor* heißt es, wenn jemand in aussichtsloser Situation, gewissermaßen auf dem Weg zum Galgen, noch Witze reißt. Der Räuber Mathias Kneißl wird im Zusammenhang mit seiner Hinrichtung, die 1902 an einem Montag stattfand, mit den Worten zitiert: „Die Woche fängt ja gut an".

„Mit Hängen und Würgen"

sehr mühsam, mit knapper Not

Diese Redewendung wurde im 19. Jahrhundert gebräuchlich, als das Hängen und Würgen noch eine alltägliche Sache war, denn die Todesstrafen wurden früher in aller Öffentlichkeit vollstreckt. Daher waren den Menschen die Qualen, die mit der Hinrichtung eines Menschen durch den Strang verbunden waren, geläufig. Ohne hier in unappetitliche Einzelheiten zu gehen, darf man sich die Henker, die dem Verurteilten damals *einen Strick drehten,* nicht besonders feinfühlig vorstellen; ihre Methoden führten selten zum sofortigen Tod des Delinquenten, der oft noch eine Zeit lang nach Luft schnappend um sein Leben kämpfte. Die *Henkersmahlzeit,* mit der man heute scherzhaft das Essen vor einem entscheidenden Termin bezeichnet, war früher ein Mahl, das vor der Hinrichtung vom Scharfrichter persönlich aufgetischt wurde. Ob der Todeskandidat sie mit Genuss essen konnte?

„Sich wie gerädert fühlen"

starke Rücken– oder Gliederschmerzen haben

Nach einer nicht erholsamen Nacht sagt man oft, man fühle sich wie gerädert. Die meisten wissen nicht, was Rädern war, sonst würden sie sicher erschrocken schweigen. Rädern, auch Radebrechen genannt, war keine Folter, sondern eine der grausamsten Todesstrafen, die im Mittelalter verhängt werden konnten, weil sie mit unmenschlichen Schmerzen verbunden war. Bei dieser Strafe für Straßendiebe und Mordbrenner wurde dem Verurteilten ein schweres Wagenrad auf die Arme und Beine gewuchtet, bis die Knochen in viele Stücke zerbrochen waren. Diese schon äußerst schmerzhafte Prozedur wurde fortgesetzt, indem die gebrochenen Gliedmaßen in die Speichen des Rades geflochten wurden. Schließlich wurde das Rad auf einen Pfahl gesteckt, und der arme Sünder musste in dieser Stellung auf den Tod warten. Kaum zu glauben, aber diese Art der Hinrichtung wurde bis ins 19. Jahrhundert praktiziert! Heute verstehen wir unter *Radebrechen,* dass jemand eine Sprache nur bruchstückhaft spricht.

„Sich schinden"

anstrengende Arbeit erledigen

Der neben dem Henker am wenigsten geachtete Beruf des Mittelalters war der des Schinders. Seine Arbeit war, krankem oder verletztem Vieh das Fell abzuziehen und das Fleisch, „Schindluder" genannt, zu verarbeiten. Vor allem trug zu seinem schlechten Image bei, dass er dem Henker bei rohen Hinrichtungsarten helfen musste, besonders beim Häuten. Das war, neben dem Rädern und dem Vierteilen, eine der grausamsten Strafen, weil das Schinden, also das Hautabziehen, mit unerträglichen Schmerzen verbunden war. Aus „jemanden schinden" als transitiver Form des Verbs entwickelte sich das intransitive „sich schinden"; es wird heute gebraucht, wenn man sich bei einer körperlich extrem anstrengenden Arbeit quälen muss. Die Wendung *Schindluder treiben* in der Bedeutung „jemanden grob veralbern" bezieht sich auf die verächtliche Einstellung gegenüber dem minderwertigen Fleisch, das der Schinder, heute sagt man Abdecker, produzierte.

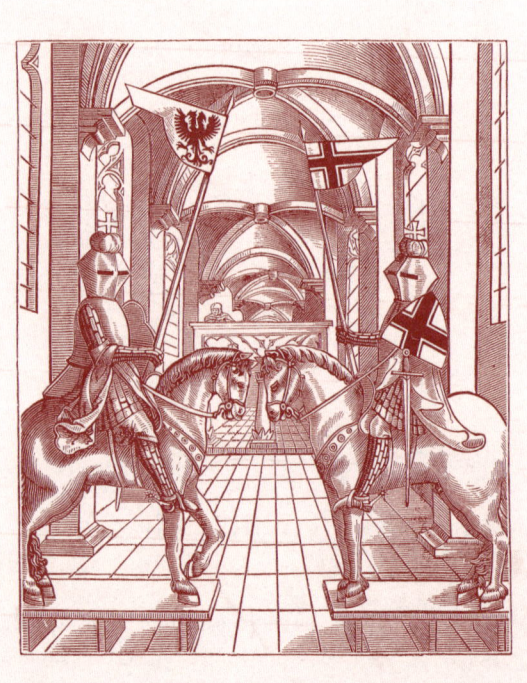

„Hinz und Kunz"

Von Windmühlen und Schildbürgern

„Nach Canossa gehen"

eine Demütigung hinnehmen müssen

Diese Redensart nimmt Bezug auf den Investiturstreit, in dem es darum ging, ob der Papst oder der König Bischöfe einsetzen durfte. König Heinrich IV. forderte öffentlich die Absetzung von Papst Gregor VII., woraufhin dieser den Kirchenbann aussprach, der Heinrichs spätere Aufnahme in den Himmel verhinderte und den Verlust der Königswürde zur Folge hatte. Heinrich musste versuchen, seine Seele – und seine Macht – dadurch zu retten, dass er den Papst um Verzeihung bat. Heinrich reiste also 1077 zur Burg Canossa westlich von Bologna, wo sich Gregor aufhielt. Der Papst ließ den König angeblich drei Tage lang „in Eis und Schnee" vor der Burg Buße tun. Schließlich hob Gregor den Bann auf; dafür erkannte Heinrich die Autorität des Papstes an. Die mittlerweile selten gehörte Redensart **Jemanden in Acht und Bann tun** umfasst als verstärkende Doppelformel die weltliche (Acht) und die geistliche (Bann) Version der Verurteilung.

„Hinz und Kunz"

jeder beliebige Mensch, die kleinen Leute

Im Mittelalter trug eine große Zahl von Männern einen dieser Vornamen. Dazu muss man wissen, dass es sich um Kurzformen der Vornamen Heinrich und Konrad handelt, Namen vieler Fürsten dieser Zeit, auch mehrerer Könige. Kein Wunder, dass auch die einfachen Leute ihren Kindern solch „wichtige" Namen gaben, heute nennen viele Zeitgenossen ihre Kinder ja auch nach gerade angesagten „Promis", Filmstars oder Fußballern. Das führte zu einer Inflation dieser Namen, während die bäuerliche Verkürzung – „Hinz" hört sich nun mal nicht so königlich an wie „Heinrich", sondern lässt eher an einen Kater denken – auch nicht gerade dem Namensimage zuträglich war. Da erst ab dem 13. Jahrhundert Familiennamen gebräuchlich wurden, auf dem Lande noch später, führten die vielen Hinze und Kunze außerdem zu Verwechslungen und Irritationen. Daher wurde **Hinz und Kunz** etwa ab dem 15. Jahrhundert zur Spottbezeichnung für die, die viel später Otto Normalverbraucher genannt wurden.

„Das kommt einem spanisch vor"

das erscheint einem seltsam

Aus dem 15. und 16. Jahrhundert stammen relativ viele Redewendungen. Diese ist entstanden, als Karl V. (1500 – 1558), der seit 1516 König von Aragon und König von Kastilien war und damit gewissermaßen erster König von Spanien, 1519 zum deutschen Kaiser gekrönt wurde. Der neue – katholische – Kaiser führte eine Reihe neuer Sitten und Regeln in Deutschland ein, unter anderem die spanische Inquisition, die gerichtliche Verfolgung der Ketzer, die bei den deutschen Untertanen, die mittlerweile zum großen Teil Anhänger Luthers waren, äußerst misstrauisch zur Kenntnis genommen wurden. Diese neuen Maßnahmen kamen ihnen, mit Bezug auf das Heimatland Karls, spanisch vor. Das Paradoxe an der Sache ist, dass wir mittlerweile wissen, dass der in Gent geborene und in Brüssel aufgewachsene Karl zum Zeitpunkt seiner Kaiserkrönung mehr schlecht als recht Niederländisch und Französisch, aber gar nicht Spanisch sprach ...

„Gegen Windmühlen kämpfen"

gegen eingebildete Gegner kämpfen

Auch die ältere Literatur hat in heutigen Redewendungen ihre Spuren hinterlassen. Don Quijote de la Mancha, der „Ritter von der traurigen Gestalt", ist eine nicht nur in seinem Heimatland sehr beliebte Romanfigur. Sein Erfinder Miguel de Cervantes wollte mit seiner Geschichte nicht nur die zu seiner Zeit, dem frühen 17. Jahrhundert, äußerst beliebten Ritterromane parodieren, sondern auch mit warnender Ironie den Lesern vor Augen führen, wie das Verschlingen solcher Lektüre beim Leser bedenkliche Schäden im Kopf hinterlassen kann. Cervantes lässt seinen Helden unter anderem zu einem bis heute legendären Zweikampf antreten. Der Don glaubt nämlich in den für spanische Hochebenen charakteristischen Windmühlen Riesen zu erkennen, deren Bekämpfung er als tapferer Ritter natürlich nicht aus dem Weg gehen darf. Es ist nicht schwer, dieser Redensart auch heute noch eine aktuelle Berechtigung zuzusprechen – kämpfen wir nicht alle hin und wieder gegen Windmühlen?

„Mit jemandem deutsch reden"

jemandem offen die Meinung sagen

Das Wort „diutisc – deutsch" erscheint zum ersten Mal in einem althochdeutschen Dokument aus dem Jahre 786 und bedeutete damals etwa „volksmäßig", im Gegensatz zum Lateinischen. Von „Deutsch" im heutigen Sinne kann damals allerdings kaum gesprochen werden. Wir hätten dieses „Deutsch" nicht verstanden, die Sprache musste noch diverse Entwicklungen durchmachen. Auch im späten Mittelalter und in der frühen Neuzeit lebte Latein als Gelehrten- und Kirchensprache weiter und war dem Volk unverständlich. Die Reformation hatte nicht zuletzt dadurch Erfolg bei den Menschen, weil sie auf Latein als Gottesdienstsprache verzichtete. Bemerkenswert ist, dass die Redensart **Mit jemanden deutsch reden** erst seit dem 15. Jahrhundert bekannt ist und selbst noch in dieser sprachgeschichtlich späten Periode das Wort „deutsch" in seiner ursprünglichen Bedeutung verwendet wird, nämlich „volkstümlich" und damit „verständlich auch für den einfachen Mann".

„Das kann kein Schwein lesen"

das ist unleserlich geschrieben

Diese Redensart hat mit dem freundlichen Borstenvieh nichts zu tun, sondern soll auf den Analphabetismus im späten Mittelalter zurückgehen. Damals gab es nur wenige Leute, die lesen und schreiben konnten. Bei Schleswig soll es eine Gelehrtenfamilie mit Namen Swien gegeben haben, die für die Leute der Umgebung gegen Bezahlung die Korrespondenz mit den Behörden erledigte. Wenn ein Schriftstück vorgelegt wurde, das unleserlich war, konnte es noch nicht mal ein Swien lesen. Eine Variante sagt, dass die Familie eines gewissen Peter Swyn, 1500 ein Bauernführer in Ostfriesland, gebildeter war als andere. Davon entstand die niederdeutsche Redensart „Dat weet keen Swyn", womit man sagen wollte, dass auch kein anderer wissen konnte, was einem gebildeten Swyn nicht bekannt war. Da „Swyn" – oder „Swien" – nicht nur ein norddeutscher Familienname ist, sondern hochdeutsch mit „Schwein" übersetzt wird, hat sich diese Redewendung volksetymologisch ins Tierische entwickelt.

„Nach Adam Riese"

korrekt gerechnet

Zuerst eine Vorbemerkung zum Namen: Der Mann hieß Adam Ries, nicht Riese. Vielleicht glaubte man, er sei wegen seiner Geistesgröße ein „Rechen-Riese". Das End-e ist aber ein grammatisches Relikt aus dem 15. Jahrhundert, in dem der Mathematiker lebte, als auch Namen dekliniert wurden. Damals hieß der Dativ von „Ries" eben „Riese" und ist in unserer Redensart bis heute erhalten geblieben. Ries schrieb seine Werke übrigens nicht, wie damals üblich, in lateinischer, sondern in deutscher Sprache. Dadurch erreichte er mehr Leser und trug, ähnlich wie Luther, zur Vereinheitlichung der deutschen Sprache bei. Adam Ries gilt als der Vater des modernen Rechnens und hat Lehrbücher verfasst, die zum Teil noch im 17. Jahrhundert aufgelegt wurden! Er hat auch entscheidend dazu beigetragen, dass die römischen Zahlzeichen als unpraktisch erkannt und durch die arabischen Ziffern ersetzt wurden. Sein Ruhm lebt weiter, denn der Ausspruch ***Das macht nach Adam Riese ...*** wird heute noch gebraucht, um ein Rechenergebnis zu unterstreichen, auch wenn ihm scherzhaft manchmal eine Freundin „Eva Zwerg" angedichtet wird ...

„Etwas verballhornen"

einen Text unabsichtlich verschlechtern

Eine weitere legendäre Figur der Geschichte ist Johann Ballhorn, den es wirklich im 16. Jahrhundert in Lübeck gab. Dieser Buchdrucker war bekannt für einige „korrigierte" Ausgaben von schwer verständlicher Literatur, die er, durchaus in guter Absicht, hatte lesbarer machen wollen. Dass er sich dabei auch am Katechismus vergriff, trug zu dem Ruf bei, dass er die Bücher verfälsche. Als das Lübecker Gesetzbuch 1586 in einer vom Senat korrigierten Ausgabe in seinem Verlag herauskam, enthielt es neue Schikanen gegenüber der Bevölkerung. Das Volk kreidete Ballhorn – diesmal unschuldig – diese Korrekturen an und machte sich über ihn lustig. Da nützte es auch nichts mehr, dass er in einem seiner letzten Drucke 1602 darum bat, ihm als dem Drucker übersehene Fehler zu melden. Zu spät, sein Name wurde zum Stammwort eines neuen Verbs.

„Über die Wupper gehen"

sterben, bankrott gehen, verschwinden

Für diese Redewendung gibt es mehrere plausible Erklärungen, in denen immer der kleine Nebenfluss des Rheins eine Rolle spielt. Die „tödlichen" Varianten: In einem Dorf im Wuppertal, einem späteren Stadtteil der bekanntlich erst 1929 gegründeten gleichnamigen Stadt, lag früher der Friedhof am anderen Flussufer, den der Leichenzug nur erreichen konnte, wenn er über die Wupper ging. In einem anderen Stadtteil lagen das Gefängnis und der Galgen auf unterschiedlichen Ufern. Die Todeskandidaten mussten zu ihrer Hinrichtung über die Wupper gehen. Die am wenigsten morbide Deutung

der Redensart bietet auch die Erklärung dafür, warum sich die Redewendung so überregional verbreitet hat. Die östliche Wupper bildete vor 300 Jahren die Grenze zwischen der Grafschaft Mark und dem Herzogtum Berg. Im 18. Jahrhundert erfolgten in der Mark Zwangsrekrutierungen durch den preußischen Soldatenkönig, denen sich junge Männer entzogen, in dem sie über die Wupper gingen, nämlich ins nahe Bergische Exil.

„Über den grünen Klee loben"

übertrieben hervorheben

Klee war im Mittelalter Inbegriff der Frische und des Gedeihens. Dichter der mittelhochdeutschen Sprache, zum Beispiel der berühmte Walther von der Vogelweide, benutzen in ihren Liedern Klee als Symbol für Frühling, Liebe etc. Das ist gar nicht so fremd, denn selbst bei uns heutigen, ach so rationalen Menschen des 21. Jahrhunderts löst ja ein Kleeblatt immer sofort eine Assoziation mit Glück aus. Da Klee aber eigentlich eine recht alltägliche Pflanze ist und auf fast jeder Wiese vorkommt, erschienen Menschen späterer Jahrhunderte diese Lobpreisungen der Minnesänger, deren hehre Motive sie nicht mehr nachvollziehen konnten, reichlich übertrieben. Daraufhin bedienten sie sich des Klee-Vergleichs, wenn sie sich über etwas lustig machen wollten, und ließen diesen Vergleich auch noch zu Ungunsten des armen drei-, manchmal auch vierblättrigen Glückssymbols ausfallen.

„Schildbürger sein"

sich lächerlicher Mittel bedienen, unsinnige Beschlüsse fassen

In jeder Region gibt es Kommunen, die in herzlicher Abneigung gegen eine Nachbargemeinde leben. Das spielte sich früher manchmal sogar auf handgreiflicher Ebene ab, wenn sich die Jugend an der gemeinsamen Grenze traf, um sich ordentlich zu verhauen. Meist bleibt die Verachtung auf scherzhafter Ebene – am bekanntesten ist sicher die „Feindschaft" zwischen den Nachbarn Köln und Düsseldorf. Einen Ort gibt es, den früher alle Deutschen für leicht gaga hielten: Schilda. Die Stadt, zum Glück nur imaginär, musste so ziemlich für jeden Spott herhalten. Ihren Bürgern, den Schildbürgern, wurden wie Till Eulenspiegel irrwitzige Torheiten nachgesagt, gleichnishaft aber auch Fehlverhalten, in dem sich die Unfähigkeit von vielen Bürgerschaften und Magistraten widerspiegelte.

„Im Schlaraffenland leben"

im Überfluss leben

Eine Gesellschaft, in der man sich immer weniger anstrengen muss, um satt zu werden und den Fernseher einzuschalten, ist auf dem Weg, sich zur allgemeinen Faulheit zu entwickeln. Und da sind wir schon bei dem Namen des Landes, in dem einem die gebratenen Krammetsvögel (was ist das eigentlich?) in den Mund fliegen. „slur" bedeutet im Mittelhochdeutschen „fauler Mensch". Im 14. Jahrhundert kennt man den „slur-affe", den Müßiggänger; damals wurden Faulheit und Müßiggang im Gegensatz zu heute, wo diese Eigenschaften erstrebenswert scheinen, verachtet. 1494 sprach man erstmals vom „Schluraffenlandt", und der Volksphantasie waren keine Grenzen gesetzt, sich die Lebensweise der „Schluraffen" in den sattesten Farben auszumalen. Die Vorstellung eines Lebens in Faulheit scheint es nicht nur hierzulande zu geben, sondern auch in England – „You' d do well in Labberland, where they have half a crown a day for sleeping" – und in Holland – „In Luilekkerland zijn de huizen met pannekoeken gedekt en met worsten ingeregen".

„Jetzt schlägt's 13"

Von Ölgötzen und Gardinenpredigten

„Jemandem die Leviten lesen"

kräftig die Meinung sagen, einen Verweis erteilen

In Lothringen scheint es in der Zeit um 760 im Kirchensprengel Metz recht locker zugegangen zu sein. Offenbar wurde dort die moralische Vorbildfunktion der Priester nicht sehr ernst genommen. Der Bischof von Metz jedenfalls sah sich gezwungen, seinen Geistlichen verschärfte Verhaltensregeln aufzuerlegen. Er verordnete gegen ihre verwilderten Sitten einen Kanon nach Art der Benediktinermönche. Tägliches gemeinsames Gebet und Gesang, Buß- und Andachtsübungen sowie Lesungen aus der Heiligen Schrift sollten der Disziplinierung dienen. Dazu gehörte vor allem das Kapitel 26 aus dem 3. Buch Moses, das auch „Levitikus" genannt wird, weil darin Vorschriften für die Priester der Israeliten, die so genannten Leviten, enthalten sind. Diese besonderen Regeln für das Leben im Priesteramt müssen – wohl auch später – so häufig in internen Strafpredigten zitiert worden sein, dass das Leviten-Lesen sprichwörtlich wurde.

„Jemandem predigen"

ins Gewissen reden

Im Mittelalter wurde das Leben weniger durch staatliche Gesetze als durch kirchliche Regeln wie die Zehn Ge- und viel mehr Verbote und vor allem durch die Angst vor dem Jüngsten Gericht und der ewigen Verdammnis geordnet. Bis weit ins 20. Jahrhundert wurde von den Kanzeln nicht nur die Bibel ausgelegt, sondern es wurden auch moralische Verfehlungen angeprangert und die Angeschuldigten vor der versammelten Gemeinde abgekanzelt. Dafür war die Predigt da, was dazu führte, dass sich der Begriff Predigen im Sinne von „eine Moralpredigt halten" auch auf weniger religiöse Bereiche ausdehnte. So heißt es bis heute *Gardinenpredigt,* wenn eine Frau ihrem Ehemann mehr oder weniger deutlich ins Gewissen redet. Die Vorhänge sind in diese Redewendung hineingeraten, weil früher die Himmelbetten als Wärme- und vielleicht auch Sichtschutz rundherum mit Stoff verhängt waren.

„Zu Kreuze kriechen"

nachgeben, sich demütigen, mehr oder weniger ernsthaft bereuen

Das Leben der Menschen im Mittelalter war sehr viel jenseitsbezogener als heute, wo vielen der Gedanke an Fegefeuer, Hölle und ewige Verdammnis nur ein müdes Lächeln entlockt. Damals war es das wichtigste Lebensziel, nach dem Tod in den Himmel zu kommen, und um dafür sündenfrei zu sein, nahm man teilweise erstaunliche Bußen auf sich. Wallfahrten zu weit entfernten Reliquien von populären Heiligen waren äußerst beliebt, aber auch Selbstkasteiungen bis hin zu den legendären Geißlerprozessionen nicht selten. Als vergleichsweise milde Form der Buße war es üblich, am Karfreitag im Gedenken an die Kreuzigung Christi sich dem vor dem Altar aufgestellten Kruzifix auf den Knien rutschend zu nähern. Dieser Brauch ist noch in Form eines symbolischen Kniefalls der Gläubigen vor dem Kreuz lebendig, während sich der Priester auch heute noch bei der sogenannten Prostratio vor dem Kreuz zu Boden wirft.

„Dastehen wie ein Ölgötze"

stumm und dumm herum stehen

Dieser rätselhafte Ausdruck entzieht sich einer einfachen Erklärung, denn was wir heute unter einem „Götzen" verstehen, nämlich ein heidnisches Götterbild, taugt nicht als Erklärungsansatz. Tatsächlich muss man in der Sprachgeschichte zurückgehen, bis man auf „Götze" als Verkleinerungsform für „Gott" stößt. Daraus entwickelte sich die Bezeichnung für Heiligenbilder, vermutlich weil in der Volksfrömmigkeit die Heiligen früher fast wie Halbgötter verehrt wurden. Luther benutzte das Wort denn auch in der Bedeutung „falscher Gott", vielleicht weil das Beten zu den Heiligen zur direkten Anbetung pervertierte. Die Vorsilbe „Öl-" erklärt man damit, dass die Figuren der schlafenden Apostel am Ölberg, eine häufig dargestellte Szene der Leidensgeschichte, zur Zeit Luthers spöttisch „Ölberg-Götzen" genannt wurden. Abgeleitet von dieser Spottbezeichnung wurde der Begriff dann auch für die Katholiken benutzt, die ja meist in andächtig-regungsloser Haltung davor standen oder knieten.

„Am Hungertuch nagen"

nichts zu essen haben

Das Hungertuch, auch Fastentuch oder Passionstuch genannt, gibt es seit dem 13. Jahrhundert und es verhüllt während der Fastenzeit in vielen katholischen Kirchen den Hochaltar. Es soll an den Tempelvorhang erinnern, der in der Leidensgeschichte erwähnt wird und im Augenblick des Todes Jesu „von oben bis unten" zerreißt. Das Tuch trennt die Gemeinde von Altar und Reliquien und soll, zusätzlich zur Buße des Fastens, eine Enthaltsamkeit gegenüber den Tröstungen der Kirche symbolisieren. Die Redewendung *Am Hungertuch nagen* könnte sich also auf die nagende Sehnsucht nach Gott beziehen. Das aber ist ziemlich sicher falsch, denn ursprünglich lautete der Ausdruck „am Hungertuch nähen" und bezieht sich darauf, dass das – oft sehr große, den ganzen Altar verdeckende – Tuch aus mehreren Einzelstücken zusammengenäht werden musste. Irgendwann hat sich das „Nähen" zum „Nagen" verfremdet, wohl weil die Menschen bei einem „Hungertuch" ans Nagen dachten.

„Es brennt auf den Nägeln"

es drängt, es ist höchste Zeit

Diese Redewendung scheint auf den ersten Blick etwas mit dem Gottesurteil Feuerprobe zu tun zu haben, woher der Ausdruck *Sich die Finger verbrennen* stammt. Aber wahrscheinlicher ist, dass sie aus dem klösterlichen Bereich stammt. Das Mönchsleben war – und ist immer noch – streng reglementiert. Der Tagesablauf wird durch acht Andachten, die Horen, gegliedert. Eine davon, die Vigil, findet um 2 Uhr nachts statt, mit Gebeten, Psalmen und Wechselgesängen. In den mittelalterlichen Klöstern war die Beleuchtung auch in der Kirche sparsam, es brannten nur wenige Kerzen. Um die Texte der Psalmen lesen zu können, klebten sich die Mönche mit Wachs kleine Kerzenstummel auf die Fingernägel der das Buch haltenden Daumen. Eine Vigil konnte bis zu drei Stunden dauern; dann war die Kerze meist heruntergebrannt. Der Ausdruck *Es brennt auf den Nägeln* beschreibt anschaulich die dringende Notwendigkeit, sich nun aber zu beeilen!

„Zwischen den Jahren"
der Zeitraum zwischen Weihnachten und Neujahr

Die offene Frage nach wichtigen Festtagen im Leben Jesu löste schon in den ersten Jahrhunderten den Drang unter den Gläubigen aus, hier eine Lösung zu finden. Seinen Tod konnte man sehr gut datieren, aber der Tag der Geburt und andere für einen Christenmenschen wichtige Jahrestage waren von den Evangelisten nur vage überliefert worden. Die Kirche legte daraufhin diese Tage nach reiflicher Überlegung selbst fest. Zuerst feierte man am 6. Januar den Tag der Taufe Christi. Im Jahre 354 wurde dann, nach diversen Berechnungen, der 25. Dezember als Geburtstag bestimmt. Im 9. Jahrhundert legte die Kirche den kalendarischen Jahresanfang auch auf diesen Tag, um Christi Geburt und Jahresanfang zusammen zu feiern, was ja auch eine gewisse Logik hatte. Nach mehrmaligem Neujahrsdatumswechsel legte Papst Innozenz XII. im Jahr 1691 den 1. Januar als Jahresanfang fest. Die Formel *Zwischen den Jahren* hat sich gehalten für die 12 Tage zwischen Geburt und Taufe Jesu, zwischen altem und neuem Jahr.

„Etwas auf den Sankt-Nimmerleins-Tag verschieben"
auf einen unbestimmten, fernen Zeitpunkt vertrösten

Früher wurden die Kalendertage nicht wie heute „11. November", „24. Juni" oder „17. März" genannt, sondern ganz selbstverständlich mit dem Namenstag eines Heiligen, also „Martini", „Johannis" oder „Gertrudis". Allen geläufig ist der 31. Dezember, der noch heute bekannter ist unter dem Namen „Silvester" – auch der Name eines Heiligen. Der „dritte Tag nach Petri" war also zum Beispiel der 25. Februar. Gleichzeitig machte man sich schon früh einen Spaß, leere, langweilige Ausdrücke wie „nichts", „nirgends" oder „niemals" zu umschreiben. Gerade die farblose Zeitangabe „nie" reizte dazu, sie zu variieren, indem man Ausdrücke bildete, die paradox sind: „an Pflaumenpfingsten" oder „an Mai-Ostern", oder man sagte „wenn Ostern und Pfingsten auf einen Tag fallen". Gern ironisierte man in diesem Zusammenhang auch den Heiligenkalender und schuf einen neuen, ganz unwahrscheinlichen Namenstag, den des heiligen Nimmerlein.

„Den Teufel an die Wand malen"

etwas als möglich darstellen, was man nicht will

Im Mittelalter glaubte man daran, dass der Teufel erscheinen würde, wenn man ihn beim Namen nennt: **Wenn man vom Teufel spricht, kommt er ...** Auch ihn malen reichte schon, und so hieß die Wendung ursprünglich „den Teufel über die Tür malen", dorthin, wo normalerweise das Dreikönigskürzel C+M+B steht – Christus mansionem benedicat. Viele Gläubige stellten sich den Satan mit eigenem Haushalt vor und hatten Angst davor, **in Teufels Küche zu kommen,** was gleichbedeutend war mit großer Gefahr, denn man stellte sich die ewige Verdammnis wie eine große Küche vor, in der die armen Seelen in Töpfen und Pfannen kochen und braten, weil die Teufel ihnen **die Hölle heißmachen – Satansbraten** eben. Viele Gläubige gingen aber lieber davon aus, dass Satan noch eine Weile gefesselt in der Hölle liegt. In der Offenbarung des Johannes steht nämlich, dass er nach tausend Jahren aus seinem Gefängnis befreit wird. Man weiß nur nicht, wann denn nun **der Teufel los ist.**

„Einen Pferdefuß haben"

einen entscheidenden Nachteil haben

Der Teufel, der ja nach der Mythologie ein abgefallener Erzengel ist, wurde vom Volk als Widersacher Gottes mit Attributen ausgestattet, die Fremdheit und Wildheit ausdrücken sollten. Seine heute noch gern im Kasperle-Theater in typischer Form auftretende Figur hat sich aus dem antiken Hirtengott Pan entwickelt, der Hörner auf der Stirn, einen Ziegenbart und Bocksbeine hatte. Er war zwar der Gott der Musik und Erfinder der nach ihm benannten Pan-Flöte, konnte aber auch Tiere und Menschen erschrecken und in die ebenfalls nach ihm benannte Panik versetzen. Später nahm der Volksglaube dem Bösen die animalischen Attribute, die ihn vielleicht doch etwas zu albern aussehen ließen, beließ ihm aber ein Bein mit Pferdehuf, an dem der nunmehr meist in Menschengestalt Auftretende zu erkennen war, wenn man genau hinsah. Auf die Redewendung bezogen heißt das, dass ein Sachverhalt, der eigentlich gut aussieht, bei näherem Hinsehen einen entscheidenden Fehler hat.

„Das Zeitliche segnen"
sterben

Im Mittelalter – und auch noch lange danach – war Aberglaube weit verbreitet. Zum Beispiel fürchteten sich die Menschen davor, den Tod oder das Sterben direkt zu nennen, weil das einer Beschwörung mit fatalen Folgen gleichgekommen wäre. Deshalb gibt es eine große Menge von Umschreibungen und verharmlosenden Formulierungen dafür, beschönigende wie auch zynische. Ausdrücke wie „erblassen", „die Augen schließen" und „dran glauben" gehören zur neutralen Kategorie, während „abkratzen", „verrecken" und „ins Gras beißen" zu den weniger freundlichen Bezeichnungen gehören. **Das Zeitliche segnen** zählt wie „entschlafen" zu den euphemistischen Umschreibungen. Hier nimmt ein Sterbender Abschied von der „Zeitlichkeit", also der vergänglichen Welt, und wünscht an der Schwelle des Jenseits Gottes Segen auf das Diesseits herab. Ebenso wie beim Tod selbst vermied man übrigens auch, einen Gestorbenen „tot" zu nennen; vielmehr sagte man „selig".

„Dann hat die arme Seele Ruh"
Dann ist das bettelnde Kind still

Nach katholischer Auffassung gibt es zwischen Himmel und Hölle eine Zwischenstation, eine Art Reinigungsanlage für Seelen. Weil theologische Notwendigkeiten in der Heilslehre es wohl erforderten, wurde um 1200 das Fegefeuer erfunden, dessen Name sich herleitet aus „veeg – Hieb", also ein Feuer, an dem man für seine Sünden geschlagen wird. An diesen Ort kommen die Menschen, die zwar keine Todsünde begangen haben, aber auch nicht sündenfrei gestorben sind – also mehr oder weniger alle. Sie werden, so glauben Generationen von Katholiken bis heute, dort für ihre Aufnahme in den Himmel gereinigt. Diesen sogenannten „armen Seelen" kann aber geholfen werden. Durch Gebet und Fürbitte kann nach katholischer Überzeugung der Christ im Diesseits zur Erlösung im Jenseits beitragen, auch durch bestellte Messen oder großzügige Spenden. Ob dann allerdings die arme Seele Ruh hat, weil sie im Himmel ist, entzieht sich bekanntlich unserer Kenntnis.

„Von allen guten Geistern verlassen sein"

Unbegreifliches tun

Nach alter Überzeugung hat jeder Mensch einen Schutzengel – jeder kennt die romantischen Gemälde, auf denen zu sehen ist, wie eine meist recht weibliche, geflügelte Person in einer Art Nachthemd ein Kind mit freundlicher Gebärde daran hindert, in einen Abgrund zu stürzen. Wenn also von guten Geistern gesprochen wird, sind damit nicht etwa freundliche Gespenster gemeint, sondern es handelt sich um Schutzengel. Manche Menschen, die sich besonders tölpelhaft benehmen, scheinen gleich über eine ganze Kompanie der himmlischen Heerscharen zu verfügen. Dies wird vor allem von Leuten gesagt, die gefährliche Unfälle oder Unglücke mehr oder weniger schadlos überstanden haben. Leider muss man davon ausgehen, dass viele Torheiten nicht darauf zurückzuführen sind, dass die Täter nur von allen guten Geistern verlassen waren ...

„Trübsal blasen"

deprimiert sein

Früher war es üblich, dass bei Beerdigungen vom Turmwächter eine traurige Musik vom Kirch- oder Stadtturm herunter geblasen wurde, die der trüben Stimmung der Teilnehmer entsprach und den Bürgern zeigen sollte, dass ein Mitbewohner auf seine letzte Reise ging. Natürlich konnte sich nicht jeder eine solche Begleitung leisten, denn auch früher schon spielte die Musik nur selten für ein „Vergelt's Gott". Arme Leute wurden deshalb *sang- und klanglos* zu Grabe getragen, ohne viele Umstände zu machen. Ihre Verwandten konnten sich kirchliche Feierlichkeiten nicht leisten und mussten auf Orgelspiel, gesungenes Requiem und sogar Glockengeläut verzichten. Selbst Mozart wurde sang- und klanglos begraben und musste mit einem Armengrab vorlieb nehmen, obwohl er doch noch kurz vor seinem Tod das schönste Requiem geschrieben hatte.

„Matthäi am Letzten"

pleite, todkrank, zu Ende

Dass diese Redewendung etwas mit dem Evangelisten Matthäus zu tun hat, liegt auf der Hand. Aber wieso ist gerade er „am Letzten"? Die Formel wurde durch Martin Luther populär, der mit seiner Bibelübersetzung ja viele Redewendungen geprägt hat. In seinem „Großen Katechismus" schreibt er: „Zuerst muss man vor allen Dingen die Worte recht kennen, worauf die Taufe gegründet ist und worauf sich alles bezieht, was davon zu sagen ist, nämlich bei Matthäus am letzten, wo der Herr Christus spricht: Gehet hin in alle Welt, lehret alle Heiden und taufet sie im Namen des Vaters und des Sohnes und des Heiligen Geistes." Gemeint ist das 28., das letzte Kapitel des Matthäus-Evangeliums, und weil es dort weiter und zu Ende geht mit „Und siehe, ich bin bei euch alle Tage bis an der Welt Ende", war dieser allerletzte, von Luther gar nicht in diesem Zusammenhang zitierte Satz der Auslöser, das letzte Kapitel des Matthäus als Synonym für das Ende, also auch den Tod zu setzen.

„Mit seinem Latein am Ende sein"

ratlos sein, nicht mehr weiterwissen

Die lateinische Sprache war, ausgehend von Rom als antiker Weltmacht, die Verkehrssprache auch im Mittelalter. Latein war nicht nur die Sprache der Kirche, sondern an den seit dem 13. Jahrhundert gegründeten Universitäten auch die Sprache der Wissenschaft, die unter dem Einfluss der Kirche stand. So wurde sowohl die Medizin als auch die Juristerei meist unter theologischen Aspekten ausgeübt. In der Medizin ist auch heute noch die lateinische Terminologie, ergänzt durch altgriechisches Vokabular, im Gebrauch. Für den einfachen Mann war diese Sprache unverständlich, sowohl im Gottesdienst als auch vor Gericht, wo oft aus lateinischen Quellen zitiert wurde, aber auch beim Arzt, der selbst heute noch, lateinische Fachbegriffe murmelnd, den Patienten irritiert. Kein Wunder, dass daraus, wenn der Arzt die Krankheit nicht erkannte, also ihren Namen nicht wusste, der Eindruck entstehen konnte, er sei *mit seinem Latein am Ende.*

„Jetzt schlägt's 13"
Das ist ja wohl nicht wahr!

Eine Uhr steht nie auf der Dreizehn, eine Glocke schlägt nie dreizehn Mal. Wie kommt es dennoch zu diesem Ausdruck? Die Zahl Zwölf gilt in der Zahlensymbolik als universell, denn sie ist das Produkt aus der heiligen Zahl Drei, der Zahl der Dreifaltigkeit, und der weltlichen Vier, der Anzahl der Himmelsrichtungen. Es gibt zwölf Apostel, zwölf Monate, zwölf Tierkreiszeichen, zwölf Propheten; die Dreizehn ist das „Dutzend des Teufels". Sie gilt deshalb als gefährlichste Zahl, und wenn sie auftaucht, geht etwas nicht mit rechten Dingen zu. Auch heute noch wird vermieden, dass an einer Tafel dreizehn Personen Platz nehmen. Und ein ungutes Gefühl an einem Freitag, dem 13., haben selbst nicht Abergläubische, dabei ist das schlechte Image dieses Datums nur dadurch zustande gekommen, dass hier der Tag des Todes Christi mit der Unglückszahl zusammenfällt. Auch die Elf ist übrigens mit Vorsicht zu genießen: Sie steht für die Sünde, weil es nur zehn Gebote gibt. Deshalb spielt sie in der närrischen Zeit eine so große Rolle ...

„Hals- und Beinbruch"
Viel Glück!

Dieser auf den ersten Blick gemeine Wunsch könnte auch etwas mit Aberglauben zu tun haben. Man weiß ja, dass manchmal genau das Gegenteil von dem gewünscht wird, was gemeint ist. Der Grund ist, dass das Glück bockig reagieren und ins Gegenteil umschlagen könnte. Deshalb wünschen sich Seeleute, die bekanntlich besonders abergläubisch sind, „Mast- und Schotbruch" und meinen natürlich das Gegenteil. Aber bei dem Wunsch, Hals und Gebein zu brechen, sieht die Sache anders aus. Unter dem etymologischen Mikroskop wird deutlich, dass diese Redensart aus dem Jiddischen kommt und hier stellvertretend steht für eine ganze Reihe von jiddischen Ausdrücken, die ihre Spuren in unserer Sprache hinterlassen haben. Im Original lautet sie „hatslokhe u brokhe – Erfolg und Segen". Es liegt nahe, dass diese Worte für Zeitgenossen, die des Jiddischen nicht mächtig waren, wie „Hals- und Beinbruch" klangen.

„Alles in Butter!"

Von Tretmühlen und Zapfenstreichen

Ein „Quacksalber" sein

ein Scharlatan sein

Der Bader war im Mittelalter, als die Medizin noch in den Kinderschuhen steckte und sich meist auf weni- ge, dabei auch noch frag- würdige Theorien wie die Lehre von den vier Säften beschränkte, neben den Kräuterfrauen die einzige Erste-Hilfe-Station. Er war zuständig für Knochenbrüche und andere Verletzungen, legte Verbände an und gab das eine oder andere pflanzliche Heilmittel zur inneren oder äußeren Anwen- dung. Seit 1570 ist auch das Auftreten des Quacksalbers bezeugt, eines Scharlatans und Wunderdoktors, der mit einer Zaubersalbe alle Übel zu heilen vorgab, weswegen sein Name auf die beiden niederländischen Wörter „kwakken – prahlen" und „zalf – Salbe" zurückgeführt wird. Möglicherweise ist aber auch das Quecksilber, ein wichtiger Bestandteil einer Salbe gegen Syphilis, Ausgangspunkt dieses Begriffs gewesen.

„Jemanden schröpfen"

übervorteilen, viel Geld abnehmen

Die Lehre von den vier Säften – gelbe Galle, schwarze Galle, Blut und Schleim – beherrschte die Medizin des Mittelalters. Mit diesen angeblich alles entscheidenden Körperflüssigkeiten beschäftigte man sich, wenn es galt, eine Krankheit zu bekämpfen. Zu den routinemäßigen Behandlungstechniken gehörte das Schröpfen. Dabei versuchte der Bader, Schadstoffe durch die Haut aus dem Körper zu saugen. Auch die Redewendung **Jemanden zur Ader lassen** hat sich bis heute in einem ähnlichen Sinn erhalten. Auch für den Aderlass war der Bader zuständig. Aus der Armvene wurde Blut in erheblicher Menge entnommen, weil man annahm, das Gleichgewicht der vier Säfte sei gestört und müsse wieder hergestellt werden oder „schlechtes" Blut müsse entfernt werden. So ein Aderlass hatte nur selten therapeutische Wirkung und war medizinischer Quatsch. Erstaunlicherweise hat er sich aber als Allheilmittel sehr lange gehalten, obwohl die Patienten sich danach nicht wohler, sondern schwächer fühlten. Dass sie den Bader dennoch bezahlen mussten, hat sicher zum negativen Sinn dieser Redewendung beigetragen.

„Über den Löffel barbieren"

betrügen, benachteiligen

Im Mittelalter war der Bart *das* Zeichen von Männlichkeit. Es galt als Schande, den Bart gestutzt zu bekommen. Die Redewendung mit der Bedeutung „erniedrigen" lautete ursprünglich nur **Jemanden barbieren** − die Form „balbieren" ist eine regional übliche Nebenform − und bezog sich auf das schimpfliche Bartabschneiden. Später setzte sich aber die Mode der glattrasierten Wangen durch. Weil den meisten Männern geeignete scharfe Messer nicht zur Verfügung standen, erledigten das Barbiere. Aber auch die Wangen alter, zahnloser Männer, die faltig und eingefallen waren, mussten rasiert werden. Da gab es einen Trick. Der Bartscherer drückte von innen einen Löffel gegen die Wange und erzielte so die für die Rasur erforderliche Wölbung. Nach dem Hinzuziehen des Löffels als Gleichmachermittel verwandelte sich die Bedeutung hin zu „nicht viele Umstände machen". Barbiere galten wohl als nicht ganz vertrauenswürdig, deshalb ist auch die Vorbereitung der Rasur, nämlich das **Einseifen,** zu seiner Bedeutung „belügen" gekommen.

„Scherereien bekommen"

in unangenehmen Schwierigkeiten sein

Die Technik der Haarpflege war im Mittelalter noch nicht so ausgereift, so dass es bei der Handhabung von Messer und Schere sicher Schwierigkeiten, also Scherereien, gab, so wie ja auch heute bei der Rasur gelegentlich Blut fließt. Möglicherweise steht der Ausdruck aber auch im Zusammenhang mit dem Kahlscheren des Kopfes als Ehrstrafe − wer geschoren werden sollte, bekam Scherereien. Die Redensart **Alle über einen Kamm scheren** mit der Bedeutung „Alle nach demselben Schema behandeln" geht darauf zurück, dass der Barbier, der auch für den Schnitt des Haupthaares zuständig war, für alle mit der Schere zu behandelnden, also zu scherenden Kunden denselben Kamm benutzte, wobei wahrscheinlich auch dieselbe Frisur herauskam; die Variationsbreite der mittelalterlichen Männerfrisuren war, wenn man den überlieferten Abbildungen glauben darf, nicht groß.

„Einen guten Schnitt machen"

einen beträchtlichen Gewinn einstreichen

Mit diesem Schnitt ist nicht der Haarschnitt gemeint. Die Redensart stammt vielmehr aus der Zeit, als das Korn auf den Feldern noch mit Sensen und Sicheln geschnitten wurde. Das Getreide wurde gemahlen und dann an den Bäcker verkauft, nach einem guten Schnitt kam also Geld in die Kasse. Nach dem Schnitt

musste das Korn aber erst auf der Tenne, dem Boden der Scheune, gedroschen werden. Mit Dreschflegeln, langen Stangen, an denen Keulen aus Hartholz befestigt waren, wurde auf die Halme eingedroschen, bis die Körner aus den Ähren herausgeschlagen waren. Es gab Gegenden, wo Dreschhelfer nach Menge bezahlt wurden. Deshalb legten sie ein hohes Tempo vor und hatten entsprechend großen Hunger und Durst. Kein Wunder, dass sich im 15. Jahrhundert die Wendung ***Essen wie ein Scheunendrescher*** bildete.

„Ein Brett vor dem Kopf haben"

begriffsstutzig sein

Im Mittelalter wurden als Zugtiere hauptsächlich Ochsen eingesetzt, Rinder, die im Gegensatz zu Stieren und Bullen kastriert waren. Sie waren stark, genügsam und relativ gutmütig. Trotzdem musste man aufpassen, dass die Tiere nicht scheuten, denn dann waren sie aufgrund ihrer Stärke nur schwer unter Kontrolle zu bekommen. Möglicherweise ist das Brett vor dem Kopf eine Art Scheuklappe gewesen, die störrischen Ochsen vor die Augen gehängt wurde, um sie zu beruhigen. Mit dem besagten Brett könnte aber auch das Stirnjoch gemeint sein; bis zum hohen Mittelalter, als das Kummet erfunden wurde, setzten die Bauern die Kraft der Ochsen hauptsächlich über ein vor die Hörner gelegtes hölzernes Joch um. Die Redewendung ***An der Nase herumführen*** kommt übrigens auch aus diesem Zusammenhang. Den Ochsen, vor allem aber den unberechenbaren Zuchtstieren wurde ein Ring durch die Nase gezogen, mit dem sie gelenkt werden konnten, denn jeder Widerstand verursachte heftige Schmerzen. Die Piercing-Mode des Nasenrings hat hiermit aber nichts zu tun, außer man hätte den Verdacht, dass diverse Studios ihre Kunden damit an der Nase herumgeführt haben ...

„Das Blatt wendet sich"

das Schicksal ändert sich

Diese 1534 bezeugte, aber wohl viel ältere Redewendung kommt, obwohl sie so klingt, nicht aus der Sprache der Kartenspieler, die ja von einem „guten Blatt" sprechen, wenn sie Gewinnchancen haben. Auch das Blatt aus Papier, die Buchseite, ist nicht gemeint. Vielmehr findet um Johannis, also nach der Sommersonnenwende, in der Natur ein eigenartiges Phänomen statt. Es senken bzw. wenden sich die Blätter an fast allen Bäumen mehr oder weniger stark, um mehr Regen durchzulassen. An den gewendeten Baumblättern kann man erkennen, dass der längste Tag vorbei und der Höhepunkt des Jahres überschritten ist, eine für die damaligen, sehr viel mehr auf die Natur als Signalgeber angewiesenen Bauern wichtige Beobachtung. Die Redewendung bezog sich zuerst nur auf die Jahreszeiten, wurde im übertragenen Sinn später auf die Wendungen des Schicksals erweitert.

„Zwischen den Zeilen"

etwas herauslesen, was der Text nicht ausdrücklich sagt

Es sind mittelalterliche Schriftstücke in lateinischer Sprache erhalten, deren Texte zwischen den Zeilen mit einer sogenannten Interlinearversion versehen sind. Dabei handelt es sich um ganze Übersetzungen oder wenigstens um Vokabeln, die beim Verständnis der Quellen weiterhelfen konnten. Die Redensart ist allerdings nicht mittelalterlich, sondern erst im 19. Jahrhundert aufgekommen. Sie wird sich aber wohl auf diese Hilfs-texte beziehen, denn zwischen den Zeilen kann man ja oft die Stimmung, in der ein Brief geschrieben wurde, erkennen. Die ersten Bücher wurden übrigens vom Drucker als Papierstapel der einzelnen Seiten geliefert. Um das Papier zu schützen, wurden die Blätter zwischen hölzerne Deckel eingebunden. Diese stabilen Deckel, meist aus Buchenholz, die an der Seite oft auseinanderstrebten, wurden am vorderen Schnitt mit einem Metallhaken zusammengehalten. Schlug man mit der Hand auf den Deckel, hakte der Bügel von selbst aus und das Buch sprang auf. Daher ist bis heute die Rede davon, dass man **ein Buch aufschlägt**.

„Lügen wie gedruckt"

unverschämt die Unwahrheit sagen

Obwohl Goethe im „Faust" sagen lässt „Was man schwarz auf weiß besitzt, kann man getrost nach Hause tragen", hat sich doch heute die Ansicht durchgesetzt, dass man dem Gedruckten nicht ohne weiteres trauen darf. Möglicherweise hat das alte Ursachen, denn im Gegensatz zum Handschriftlichen, das oft vom Schreiber gezeichnet und damit einem realen Verfasser zuzuordnen war, konnte man den anonymen Druckwerken aus der Manufaktur nicht mehr ansehen, wer sie geschrieben hatte. Damit ließen sich auch Lügen in die Welt setzen, deren Ursprung nicht mehr leicht überprüft werden konnte. Damit soll nicht gesagt sein, dass vor dem Buchdruck keine Unwahrheiten geschrieben worden wären – die Mönche in den Klöstern waren wahre Meister im Fälschen! Aber die Skepsis gegenüber den Mitteilungen in der Presse hat sich merkwürdigerweise bis heute gehalten ... Der Ausdruck *Etwas abkupfern* im Sinne von „nachahmen, kopieren" stammt ebenfalls aus der Druckerei, denn der Kupferstich war in der frühen Neuzeit die allgemein verbreitete Technik zum Vervielfältigen von Bildern, die damit keine Originale mehr waren, sondern in fast jeder beliebigen Auflage nachgedruckt werden konnten.

„Fraktur reden"

unmissverständlich die Meinung sagen

Fraktur ist – im Gegensatz zur lateinischen Antiqua - eine gebrochene, verzwickt wirkende und für manchen schwer lesbare Schriftart, die vom 16. bis weit ins 20. Jahrhundert die vorherrschende Type in deutschen Druckerzeugnissen war. Warum der eigentlich paradoxe Ausdruck – man kann schlecht in einer Schriftart reden – bereits im 16. Jahrhundert entstanden ist, ist offen; möglicherweise lautete er ursprünglich *Fraktur schreiben* und ist wegen der deutschen Charakteristik dieser Schrift parallel zum Ausdruck *Deutsch mit jemandem reden* entstanden, meint also ebenfalls die Deutlichkeit bzw. Verständlichkeit der Ansprache.

„Das schlägt dem Fass den Boden aus!"

das treibt die Frechheit auf die Spitze

Dieser Ausruf der Entrüstung geht natürlich auf die Weinfässer zurück, die bekanntlich aus den Dauben, den Reifen, die die Dauben zusammenhalten, dem Boden und dem Deckel bestehen. Bei der ziemlich schwierigen Arbeit des Zusammenfügens der Einzelteile, die ja alle genau passen mussten, damit das Fass dicht war, musste an manchen Stellen auch Gewalt angewendet werden. Wenn dann der Küfer, Fassbinder, Böttcher oder Büttner, je nach Region, die Fassreifen zu stark aufschlug, konnte es passieren, dass der Boden heraussprang und die Arbeit von vorn beginnen musste. Für die Entstehung der Redewendung verdächtiger ist aber eine andere Herleitung. Wenn auf dem Weinmarkt festgestellt wurde, dass ein dreister Weinhändler gepanschten oder ungenießbaren Wein anbot, wurde dem betreffenden, in der Regel auf der Seite liegenden Fass vom Marktvogt oder vom Schultheiß der Boden ausgeschlagen, so dass der Wein abfloss und nicht mehr verkauft werden konnte.

„Blau machen"

unentschuldigt fehlen

Der einfache Mann durfte im Mittelalter keine auffälligen Farben tragen, sondern ausschließlich Naturfarben, also Braun, Grau oder Blau. Die Farbe zum Tönen des blauen Stoffes gewann man aus Färberwaid, einer gelb blühenden Staude, auch Deutsche Indigo genannt. In einem zeitraubenden Verfahren, zu dem unter anderem viel Urin benötigt wurde, musste eine Lauge mit einem bestimmten pH-Wert angerührt werden. In den Laugenbottichen verblieben die Tücher, ehe sie zum Trocknen herausgenommen wurden, einen Tag, in dessen Verlauf die blaugrüne Farbe sich entwickelte. Um die erforderliche Menge an Urin zu erhalten, tranken die Färber große Mengen Bier. Da ergab es sich günstig, dass die Stoffe einen Tag in der Brühe liegen mussten, denn an dem Tag nach dem Anrühren der Lauge konnte aus nachvollziehbaren Gründen nicht gearbeitet werden. Es wurde „blau gemacht". Der Wirkstoff aus Waid wurde im 17. Jahrhundert durch Echten Indigo aus Indien, später durch synthetischen abgelöst.

„Durch die Lappen gehen"

verloren gehen, entkommen

Die Jagd gehörte im Mittelalter zu den beliebtesten, allerdings auch zu den wenigen Freizeitvergnügen der Adligen. Als die Feuerwaffen auch als Jagdwaffen Verwendung fanden, wurden Treibjagden veranstaltet, die das Wild den schussfreudigen Jagdherren direkt vor die Flinten treiben sollten. Um das Wild in eine bestimmte Richtung zu lenken und am seitlichen Ausbrechen zu hindern, wurden im Wald an den Bäumen lange Schnüre gespannt, an denen bunte Stofflappen oder Federbüschel befestigt waren. Das Wild scheute vor den Lappen und lief in die gewünschte Richtung. Natürlich kam es bisweilen vor, dass Hirsche, Rehe oder Wildschweine trotz der Eingrenzungen seitlich ausbrachen. Dann gingen sie durch die Lappen und entkamen den Schützen. Das Prinzip der Vergrämung von Wild nutzt man heute an durch Waldgebiete führenden Straßen, wo am Waldrand die Autoscheinwerfer reflektierende Rückstrahler aufgehängt werden.

„Ins Gehege kommen"

in die Quere kommen

Merkwürdigerweise haben der Name des Regierungssitzes der Niederlande, Den Haag, und diese Redewendung gemeinsame Wurzeln. Ein Hag ist nämlich ein „eingehegtes" Gelände. Im Deutschen gibt es viele Ortsnamen mit dem Zusatz -hag oder -hagen, was darauf schließen lässt, dass diese Orte durch Waldrodung entstanden sind; prominentestes Beispiel ist die Großstadt Hagen am Rande des Ruhrgebiets. Den Haag hieß seit dem Jahre 1602 offiziell „'s-Gravenhage", denn damals war es ein mit einem Wald umgebener, geschützter Jagdsitz der Grafen von Holland, also „des Grafen Hag". Ein Hag war ein Schutz nach außen, in dem man sich **behaglich fühlen** konnte; deshalb müsste auch die Wendung **Es behagt mir** eigentlich „Es behagt mich" heißen. Wenn also jemand einem anderen ins Gehege kommt, ist der Schutz weg. Heute wird der Ausdruck vor allem dann verwendet, wenn in einer bis dahin allein *gehegten* Liebe ein Nebenbuhler auftaucht.

„Ein X für ein U vormachen"

betrügen

Unser vertrautes Ziffernsystem ist noch gar nicht so alt. In Europa wurde es erst um das 15. Jahrhundert eingeführt, als die bis dahin in Gebrauch befindlichen römischen Zahlzeichen den Anforderungen der Mathematik nicht mehr gewachsen waren. Man erkannte, dass das Rechnen durch die arabischen Ziffern wesentlich vereinfacht wurde. Das römische Zahlungswesen wurde bekanntlich durch Folgen von Buchstaben gebildet, wie man es bei den Papstnamen wie „Benedikt XVI." noch beobachten kann. Bei den römischen Schriftzeichen stand das X sowohl für den Buchstaben X als auch für die Zahl 10. Das V stand für V und U, das es als Zeichen nicht gab; außerdem stellte es zugleich die Ziffer 5 dar. Damit war es für einen betrügerischen Händler oder Gastwirt leicht, auf der Tafel, auf der er die Schulden seiner Kunden ankreidete, die beiden Striche beim V etwas zu verlängern und so aus einem V ein X, also aus einer 5 eine 10 zu machen. Wenn einem Schuldner also ein X für ein U, das heißt V, vorgemacht wurde, wurde er betrogen.

„Vom Hundertsten ins Tausendste kommen"

abschweifen, den Faden verlieren

Im Zeitalter des Euro erinnert man sich kaum noch an die Währungseinheit ECU, die bei den damals vielen Länderwährungen innerhalb der Europäischen Gemeinschaft den Handel erleichtern sollte. Ähnliches gab es schon im 15. Jahrhundert. Damals waren noch viel mehr Währungen im Umlauf, denn Fürsten, Städte und sogar Klöster prägten eigene Münzen. Damit in diesem Durcheinander die Bezahlung der Söldner, die sich ja auch bei fremden Herren verdingten, funktionierte, wurde eine Rechenbank eingeführt, auf der Linien eingeritzt waren, auf die man so genannte Rechenpfennige, münzenähnliche Metallscheiben ohne Wert, setzte. Die Linien zählten pro aufsteigender Reihe zehnfach, so dass man bei einem Fehler bei der Platzierung der Pfennige leicht **vom Hundertsten ins Tausendste kommen** konnte. Als überregionale Währungen aufkamen und der Rechenpfennig überflüssig wurde, geriet die ursprüngliche Bedeutung der Redensart in Vergessenheit.

„Alles in Butter!"

Alles in Ordnung!

Als vor dem Ersten Weltkrieg eine Erfindung namens Margarine populär wurde, warben manche Gasthäuser damit, dass ihre Speisen nicht mit dem billigen Pflanzenfett zubereitet seien, sondern bei ihnen sei alles in Butter gebraten. Möglicherweise ist die Redewendung aber viel älter. Denn wenn früher wohlhabende Leute ihre Paläste mit hochwertigen Dingen aus fernen Ländern ausstaffieren wollten, stellte sich das Problem, diese zerbrechlichen Waren, zum Beispiel Glas aus Murano, auf damals sehr unebenen Wegen über weite Strecken, unter anderem über die Alpen, zu transportieren, ohne dass bei der Ankunft nur Scherben übrig waren. Dafür bediente man sich eines genialen Tricks. In Ermangelung ausreichend stoßdämpfenden Materials goss man die Preziosen für den Transport in Butter ein, die, erkaltet, eine zuverlässig stoßfeste Umgebung abgab. Sogar wenn ein Fass zu Boden fiel, ging kaum etwas entzwei.

„Jemanden hänseln"

üble Scherze treiben

Mit dem Bruder von Gretel hat diese Redensart nichts zu tun. Vielmehr geht sie zurück auf die Hanse, vom 12. bis zum 17. Jahrhundert die wichtigste Handelsvereinigung Mittel- und Nordeuropas. In diese Gemeinschaft aufgenommen zu werden, brachte viele Vorteile mit sich. Allerdings erschwerten die Mitglieder die Neuaufnahme durch Proben, die ein Bewerber zu absolvieren hatte. Diese Aufnahmezeremonien wurden schon 1259 durchaus ernsthaft **Hänseln** genannt und waren drastischer, ja geradezu derber Natur; man ließ die Kandidaten klobige Pillen oder üble Flüssigkeiten hinunterwürgen, warf sie in einen Sumpf oder in eisiges Wasser. Daher hat sich das Hänseln in der Bezeichnung „jemanden ärgern" bis heute gehalten. Noch im 19. Jahrhundert mussten neue Handwerker und Knechte „hänseln", indem sie mindestens einige Runden Bier ausgaben. In dieser Zeit erhielt der Ausdruck auch die heutige Bedeutung. Der ursprüngliche Wortsinn ist vergessen, aber es ist immer noch Sitte, einen Einstand zu geben.

„Wer zuerst kommt, mahlt zuerst"

immer der Reihe nach

Dieser Rechtsspruch aus dem „Sachsenspiegel" von 1230 gehört auch heute noch zum Sprachgebrauch, obwohl sich schon lange an den Mühlen keiner mehr drängelt. Entstanden ist die Redewendung schon früh, denn Friedrich Barbarossa erließ 1158 ein Gesetz, das dem Grundherrn das alleinige Recht zum Betrieb einer Mühle zusicherte. Der sogenannte Mühlenzwang verpflichtete alle Untertanen, ihr Getreide ausschließlich in seiner Mühle mahlen zu lassen. Weil es keinen Wettbewerb zwischen den Mühlen geben konnte, konnten durch die Festsetzung des Mahllohns hohe Einnahmen für den Grundherrn erzielt werden. Das Sprichwort bezieht sich natürlich nur auf die Kundenmühlen im Gegensatz zur Herrenmühle, in der das Korn des Grundherrn bevorzugt gemahlen wurde. An den allgemeinen Mühlen wurde die Reihenfolge, vermutlich infolge von Standesauseinandersetzungen, so organisiert, dass derjenige, der sein Getreide zuerst ablieferte, sicher sein konnte, dass es auch zuerst gemahlen wurde, ohne Ansehen der Person.

„In einer Tretmühle sein"

anstrengend in einem immer gleichen Rhythmus arbeiten

Die Tretmühle ist eine schon in der Antike erfundene mechanische Vorrichtung, um menschliche oder tierische Kraft zum Bewegen von Lasten zu nutzen. Menschen, aber auch Ochsen, Pferde und Hunde hielten ein Tretrad in kreisender Bewegung, das über eine Übersetzung Seile aufrollte oder Wellen drehte. Diese Technik wurde in Brunnen eingesetzt, aber auch im Bergbau zur Stollenentwässerung. Weit verbreitet waren Treträder auf Baustellen; als Krananantrieb waren sie bis ins 18. Jahrhundert üblich. Die Windenknechte wurden für ihre anstrengende und auch gefährliche Arbeit sehr gut bezahlt, denn vom Funktionieren des Krans hing die gesamte Baumaßnahme zum Beispiel einer Kathedrale ab. In den britischen Kolonien mussten später Sträflinge in Treträdern von Getreidemühlen schuften. Die Arbeit war so unmenschlich hart, dass im Jahr 1850 Sträflinge den Tod am Galgen vorgezogen haben sollen.

„Seine Schäfchen ins Trockene bringen"

Besitz krisensicher anlegen

Der Schäfer war ein sehr wichtiger Beruf des Mittelalters, denn Wolle war eine der Hauptmaterialien für die Stoffherstellung. Um seine Schafe gesund zu halten, hatte er dafür zu sorgen, dass sie nicht auf gefährlichen Grund gerieten. Das konnte zum Beispiel eine sumpfige oder feuchte Wiese sein. Dort bestand nämlich die Gefahr, dass die Schafe vom gefährlichen Leberegel befallen wurden. Dieser Parasit macht eine äußerst

merkwürdige Entwicklung durch. Seine Eier werden vom Schaf mit dem Kot ausgeschieden, aber dann von Schnecken mit der Nahrung aufgenommen. Die Larven entwickeln sich in den Schnecken, die sie wiederum mit ihrem Kriechschleim ausscheiden. Dieser Schleim wird, wenn die Larve Glück hat, von einer Ameise gefressen, der die Larve ins Gehirn wandert. Umnachtet klettert die Ameise auf einen Grashalm, wo sie sich festbeißt. Nachdem das Insekt versehentlich von einem Schaf mitgefressen wurde, ist der Egel wieder in seinem Endwirt angekommen und kann dort eine gefährliche Krankheit auslösen.

„Etwas ausmerzen"

beseitigen, vernichten, töten

Dieser Ausdruck, den man etwa seit dem 16. Jahrhundert benutzte, steht zwar im Zusammenhang mit Schafen und ihren Lämmern, betraf aber eine eher unangenehme Seite des Schäferberufs. Im Frühling werden die neuen Lämmer geboren, und da die Schafherden meist ständig unterwegs waren, war das Schicksal neugeborener Schäfchen, die zu schwach waren und nicht die nötige Konstitution mitbrachten, dass sie nicht mit der Herde weiterwandern konnten, sondern ausgesondert, das heißt geschlachtet wurden. Auch die Nichteignung zur Wollgewinnung oder Weiterzucht konnte ein Grund sein, vom Schäfer getötet zu werden. Da dies meist im Monat März geschah, bildete sich daraus der Ausdruck „ausmerzen". Die heutige Bedeutung hat die damalige Tätigkeit noch nicht vergessen.

„Eine Scharte auswetzen"

etwas wieder gutmachen

Wenn ein scharfes Werkzeug wie eine Sense, eine Sichel oder ein Messer, aber auch eine Waffe wie ein Schwert oder ein Säbel, eine Scharte bekam, war sie stumpf und nicht mehr optimal zu gebrauchen. In der Schmiede war dann das Mittel der Wahl ein Schleif- oder Wetzstein, mit dessen Hilfe das Metall glatt gescheuert werden konnte. Der Schmied konnte *die Scharte auswetzen.* In diesem Zusammenhang darf einmal darauf hingewiesen werden, dass die Vorstellung, in Dorf- oder Burgschmieden seien im Mittelalter Waffen oder gar Rüstungen hergestellt worden, abwegig ist. Dafür gab es in den für die Waffenherstellung bekannten Städten wie Solingen, Augsburg oder Nürnberg Spezialisten, die diese komplizierten Herstellungsverfahren beherrschten. Berufe wie Schwertfeger, die für das Polieren der Klingen zuständig waren, oder Harnischmacher, die ja bis heute in Nachnamen erhalten sind, waren dafür zuständig.

„Jedes Wort auf die Goldwaage legen"

jedes Wort sorgfältig überlegen

Der Goldschmied hatte es, im Mittelalter und auch heute, mit begehrten und teuren Edelmetallen zu tun. Zum Abmessen in winzigen Mengen gab es spezielle Waagen, von denen die Goldwaage eines der genauesten Messgeräte ihrer Zeit war; sie zeigte schon kleinste Mengen an. Damals funktionierten die Waagen, indem man *Gewicht auf etwas legte;* es mussten nämlich in die eine Waagschale so viele Gewichte gelegt werden, bis der Zeiger, das *Zünglein,* nicht mehr ausschlug. Kein Wunder, dass sich aus der sprichwörtlichen Empfindlichkeit dieser Waage schon früh eine Redewendung entwickelt hat. Sie findet sich bereits in der Antike bei Cicero. Luther hat die Bibelstelle Jesus Sirach 28, 25 mit der Wendung übersetzt: „Du wägest dein Gold und Silber ein; warum wägest du nicht auch deine Worte auf der Goldwaage?" Wie auch bei anderen Redewendungen hat Luther hier entscheidend zur Popularität dieser Redensart beigetragen; sie ist seit dieser Zeit beliebt, um eine übertriebene Pedanterie bei der Wortwahl zu karikieren.

„Umgekehrt wird ein Schuh draus"

auf der falschen Seite angefangen

D er Bauer lief im Mittelalter meist noch barfuß, aber die reicheren Damen und Herren leisteten sich Schuhwerk. Die Herstellung eines solchen Schuhs lief etwas anders ab als heutzutage. Damals war die Sohle als widerstandsfähige, harte Gehfläche noch nicht herzustellen. Man muss sich einen Schuh des 12. Jahrhunderts vielmehr wie einen auf Fußmaße gebrachten Lederbeutel vorstellen. Dieser Schuh sollte natürlich schon damals gewisse ästhetische Anforderungen erfüllen, zum Beispiel sollten die unschönen Nähte nicht von außen zu sehen sein. Dies ließ sich dadurch einfach bewerkstelligen, dass der Schuster den Lederbeutel, der einmal ein Schuh werden sollte, „auf links" nähte und erst nach Fertigstellung umkrempelte – umgekehrt war ein Schuh daraus geworden. Mit heutigem Schuhwerk dürfte diese Technik kaum noch erfolgreich sein, allerdings gelten auch heute manchmal Nähte als Schmuck.

„Über einen Leisten schlagen"

nach dem gleichen Schema behandeln

D er Leisten war – und ist – in der Gilde der Maßanfertigungsschuster eine feste Größe. Obwohl die Schuster jetzt widersprechen werden, hat er mit „Leistung" direkt nichts zu tun, sondern ist ein Formstück aus Holz, Kunststoff oder Metall, das zum Bau eines Schuhs verwendet wird und das Aussehen eines Fußes hat. Im Mittelalter waren die Leisten natürlich aus Holz. Damals wie heute wurde von jedem Fuß, für den ein Schuh nach Maß angefertigt werden sollte, so ein Leisten geschnitzt, nach dem übrigens auch Nachbestellungen einfach angefertigt werden konnten. Das Leder wurde über bzw. um diesen Holzkern herum geschlagen, um es in die richtige Form zu bringen und den Schuh passend zu bauen. Wenn alle Schuhe nach einem Maß gefertigt, also über einen Leisten geschlagen würden, würde sicher so manchen *der Schuh drücken.* Das Sprichwort *Schuster, bleib bei deinem Leisten* bedeutet, dass man bei dem bleiben solle, was man kann, und sich nicht in Dinge einmischen sollte, von denen man nichts versteht.

„Auf den Leim gehen"

auf eine falsche Versprechung hereinfallen

Alle Jahre wieder kann man der Presse entnehmen, dass in Italien Singvögel gefangen werden –
von Menschen, nicht von Katzen! –, um sie zu essen. Hierzulande ist die Entrüstung der Tierfreunde daraufhin immer besonders groß, dabei war es auch bei uns jahrhundertelang durchaus üblich,
Singvögel in Mengen zu fangen. Ein Teil wurde in Käfigen gehalten; so wurden bevorzugt Fichtenkreuzschnäbel und andere Finkenvögel zur Unterhaltung gefangen, da diese Vögel schön singen. Viele Singvögel, vor
allem Amseln und Drosseln, wurden aber auch auf die Speisekarte gesetzt, teilweise, um im Winter die
nahrungsarme Zeit zu überstehen, aber auch als Delikatesse. Die Vogelfänger arbeiteten in der Regel entweder
mit Netzen oder mit Ruten, die mit Leim oder Pech bestrichen waren. Ein *Lockvogel* in einem daneben
gestellten Käfig suggerierte den Opfern die Harmlosigkeit der Leimrute, und die kleinen Sänger blieben mit
Füßen und Flügeln kleben und konnten eingesammelt werden – Pechvögel eben.

„Die Katze im Sack kaufen"

sich auf etwas Unbekanntes einlassen

Auf mittelalterlichen Märkten wurden Ferkel, Hühner oder Kaninchen zum Abtransport durch den Käufer
in einen Sack gesteckt. Es scheint öfters vorgekommen zu sein, dass ein betrügerischer Verkäufer statt
des erworbenen Kleintiers etwas anderes, Minderwertiges, zum Beispiel eine hergelaufene Katze, in den Sack
steckte. Immerhin so häufig, dass sich daraus die Redewendung *Etwas im Sack kaufen* gebildet hat, die
davor warnt, etwas zu erwerben, das man nicht vorher gründlich geprüft hat. Wahrscheinlich kam die Katze
erst hinzu, als die Till-Eulenspiegel-Anekdote erzählt wurde, in der Till anstelle eines versprochenen Hasen
eine Katze im Sack verkauft. Heute nutzen beide Geschlechter die Redensart meist dazu, die intime Kontaktaufnahme vor der Eheschließung zu rechtfertigen.

„Herein, wenn's kein Schneider ist"

Diesen Ausruf benutzen viele Leute auch heute noch scherzhaft, wenn es an der Tür klopft. Dabei bezieht er sich auf einen
Berufsstand, der im Mittelalter kein gutes Image hatte. In vielen
Sprichwörtern und Spottversen werden die Schneider aufs Korn
genommen, obwohl sie doch für so etwas Wichtiges wie die
Kleidung zuständig waren. Die heute nur noch launig gebrauchte
Aufforderung, herein zu kommen, dürfte darauf zurückgehen,
dass die Zunftsitzungen der Schneider als geschlossene Gesellschaft stattfanden. Wenn jemand Einlass begehrte, wurde ihm
geantwortet: "Herein, wenn's ein Schneider ist". Dieser Ruf könnte vom Volk parodiert worden sein, wenn Schneider ihre Außenstände beim Kunden zu Hause einforderten. Offenbar hatten
Schneider im Gegensatz zu Händlern oft Schwierigkeiten, für ihre
Arbeit, also das Anfertigen oder Ausbessern von Kleidung,
das vereinbarte Entgelt einzutreiben. Die erwähnten Spottverse
und Sprichwörter zeigen dementsprechend häufig die
Armut dieses Berufsstandes auf.

„Schmutzige Wäsche waschen"

im Streit private Dinge des Gegners bekannt machen

Lange vor der Einführung von Waschvollautomaten trafen sich die Frauen eines Ortes einmal wöchentlich
zum Waschtag am Dorfbrunnen oder am Bach, um ihre Wäsche zu reinigen. Das war die Gelegenheit,
sich ausgiebig über die Ereignisse der letzten Tage zu unterhalten. Von Dorffesten abgesehen, war dieses
Zusammentreffen der Waschweiber die einzige Gelegenheit, wo solch ein kollektiver Informationsaustausch
stattfinden konnte. Weil dieses Geplauder beim Wäschewaschen passierte und, wenn auch ohne Rücksicht
auf den Wahrheitsgehalt, gerade die schlimmen Nachrichten und Indiskretionen über Peinlichkeiten am inte-
ressantesten waren, hat der Volksmund diesen Klatsch und Tratsch an den Sauberkeitsgrad der Wäsche ange-
lehnt. Weil die ungebildeten Waschfrauen oft über Dinge sprachen, von denen sie nichts verstanden, nennt
man noch heute oberflächliches Geplapper auch **dummes Gewäsch.**

„Spinne am Morgen bringt Kummer und Sorgen, Spinne am Abend erquickend und labend"

Es ist schon bei vielen Gelegenheiten erklärt worden, aber dieses Sprichwort wird immer wieder missverstanden. Das offenbart sich dann, wenn eines der achtbeinigen Krabbeltiere auftaucht und prompt jemand, je nach Tageszeit, die passende Hälfte des Sprichworts zitiert. Dabei kommt darin gar keine Spinne vor. Der Volksmund, der sich ja oft zusammenreimt, was ähnlich klingt, hat in der Zeit, als Spinnräder aus der Mode waren, statt des Spinnens die Spinne eingeführt und, weil sie anscheinend „Kummer und Sorgen" bringt, als Unglücksbotin missverstanden. In Wirklichkeit sagt das Sprichwort etwas über die sozialen Gegebenheiten früherer Zeiten aus. Wer nämlich am Morgen – und damit den ganzen Tag über – spinnen musste, tat das, um damit etwas zum Lebensunterhalt zu verdienen. Ein Tagwerk Garn brachte nicht viel ein und verminderte die Sorgen, die Familie zu ernähren, nicht wesentlich. Wer sich dagegen erst abends ans Spinnrad setzen konnte, tat das in der dörflichen Spinnstube, wo Geselligkeit angesagt war. Der Ausdruck *Er spinnt* greift aber tatsächlich auf die manchmal chaotisch wirkenden Spinngewebe zurück, um das Chaos mancher Gedanken auszudrücken.

„Etwas anzetteln"

etwas vorbereiten, anstiften

Mit dem Zettel aus Papier hat dieser Ausdruck nichts zu tun. Er kommt nämlich aus dem Vokabular der Weber. Wenn ein neues Gewebe begonnen werden sollte, mussten zuerst die Längsfäden im Webstuhl oder Webrahmen aufgespannt werden. Diese Längsfäden wurden „Zettel" genannt. Wenn man mit den Vorbereitungen einer Arbeit begann, zettelte man also etwas an. Gerieten die Fäden aber durcheinander, *verzettelte* man sich. Ursprünglich war die Redewendung sowohl positiv als auch negativ im Gebrauch, heute versteht man unter Anzetteln die Vorbereitung einer strafbaren Handlung. Nach getaner Arbeit überprüfte der Meister sowohl „Strich" als auch „Faden" des vollendeten Gewebes, und dieser Test *nach Strich und Faden* war eine wichtige Qualitätskontrolle.

Das „Schwarze Brett"

Tafel zur Bekanntmachung

Stammgäste können auch heute noch in ihrer Stammkneipe **anschreiben** lassen. Dieser Service für Gäste, die entweder ihre Geldbörse vergessen haben oder grade etwas klamm sind, ist schon sehr alt. Vor dem Zeitalter der Registrierkassen gab es in den Gaststätten eine Tafel, an der der Wirt dem Schuldner seine Außenstände **ankreidete;** der stand dann bei ihm **in der Kreide.** Am Ende des Monats wurde die gesamte aufgelaufene Summe auf einmal berechnet und, wenn möglich, bezahlt. Im 17. Jahrhundert wurde aus der Tafel ein Anschlagbrett für amtliche Bekanntmachungen, und weil es die schwarze Farbe der Kreidetafel behalten hatte, erhielt es diesen Namen. Mittlerweile findet man Schwarze-Brett-Seiten auch im Internet, wo sie aber meist Online-Versionen auch schon bisher üblicher Bekanntmachungsmedien sind, zum Beispiel bei Gemeinden oder Universitäten.

Der „Zapfenstreich"

Signal zum Schlussmachen

Heute verbinden die meisten Leute, vor allem diejenigen, die einmal „gedient" haben, mit diesem Begriff ein feierliches militärisches Zeremoniell, wobei eine bestimmte Musikreihenfolge eine wichtige Rolle spielt. Dieser „Große Zapfenstreich" wird unter anderem bei der Verabschiedung von Staatsoberhäuptern aufgeführt. Ursprünglich hat der Zapfenstreich aber nichts mit Musik zu tun, höchstens mit einer ganz anderen, nämlich den Kneipen- und Saufliedern in den Kaschemmen und vor allem in den Marketenderzelten der Armeen. Dort gab es abends offenbar regelmäßig Probleme, die Soldaten vom Zapfhahn wegzubekommen. Meist musste dem Wirt von einem Offizier mit Gewalt der Zapfen des Bier- oder Weinfasses ins Fass hineingetrieben werden, damit nicht mehr ausgeschenkt werden konnte. Im 17. Jahrhundert wurde dieser Streich auf den Zapfen in der Soldatensprache auf den Trommelwirbel übertragen, mit dem dieser Vorgang begleitet wurde.

„Auf dem Holzweg sein"

sich irren

Steinhäuser konnten sich im Mittelalter nur reiche Leute leisten, das normale Wohnhaus war ein Fachwerkgebäude. Das Holz für die Herstellung der Balken wurde mit Pferden aus dem Wald geholt. Für den Transport wurden Schneisen geschlagen, sogenannte Holzwege. Im Gegensatz zu regulären Wegen endeten Holzwege auf einem Holzsammelplatz und führten zu keinem Ziel außerhalb des Waldes. Wenn ein Wanderer auf einen Holzweg geriet, konnte er die Orientierung verlieren und sich verirren. Eine andere Erklärung bezieht die Köhler ein, die Holzkohleproduzenten, die ihre Kohlenmeiler im Wald hatten. Diese einsam lebenden, oft etwas schrulligen Gesellen nutzten in ihrer Langeweile gern die Gelegenheit, sich mit Wanderern einen Spaß zu erlauben. Sie erzählten ihnen erfundene Geschichten – daher kommt der Ausdruck *Verkohlen* – und schickten sie auf einen der kreisförmigen Holzwege. Dann amüsierten sie sich, wenn die Irrläufer nach einiger Zeit wieder bei ihnen auftauchten. Das Wort „Holzweg" ist seit dem 13. Jahrhundert in Gebrauch; seine sprichwörtliche Verwendung ist seit dem 15. Jahrhundert belegt.

„Splitternackt sein"

völlig unbekleidet sein

Wenn man heute diesen Ausdruck benutzt, will man ausdrücken, dass die Blöße noch nicht einmal durch einen winzigen Splitter bedeckt wird, also total ist. Aber ein solcher Splitter steckt nicht in diesem Ausdruck, denn auch hier hat man es wieder mit einem volksetymologischen Eingriff ins Vokabular zu tun. Das schon im 15. Jahrhundert gebräuchliche Adjektiv „splitternaket" wurde wahrscheinlich gebildet, weil den meisten Menschen der Begriff „Splint" nicht geläufig war, auf den die Wendung zurückgeht. Es handelt sich dabei um die Faserschicht, die zwischen der Rinde und dem Stammholz eines Baumes liegt. Ein Stamm ist erst dann wirklich „nackt", wenn außer der Rinde auch der Splint entfernt wurde – die verbreitete Abwandlung splitterfasernackt deutet darauf hin, wobei auch sie korrekt „splinterfasernackt" heißen müsste.

„Ein Stümper sein"

unfähig sein

Dieser Ausdruck hat in der Sprachgeschichte zwei mögliche Ausgangspunkte, die sich beide auf den Gegensatz zwischen dem Könner seines Fachs, dem professionellen Handwerker, und dem Nichtskönner, dem ungelernten Dilettanten, beziehen. Der Profi ist dafür qualifiziert, eine Arbeit abzuliefern, die in handwerklich ausgereifter Weise hergestellt wurde, während die des Ungelernten aussieht, als ob sie mit stumpfem Werkzeug hergestellt sei. Andererseits gleicht der Versager einem ungehobelten (!) Klotz, einem rohen Baumstumpf. Aus beiden Quellen, dem „stumpfen" Werkzeug oder dem Baum"stumpf", könnte das Schimpfwort Stümper entstanden sein. In alten Zunftordnungen waren Strafen für „Stümper, Störer und Pfuscher" vorgesehen, weil sie mit minderwertiger Arbeit die Profis im Preis unterboten – ein Phänomen, das uns heute merkwürdig bekannt vorkommt.

„Einen Haken haben"

ein auf den ersten Blick nicht erkennbares Problem beinhalten

Die Redewendung ist sehr alt und war schon im Mittelalter gebräuchlich, was daran liegt, dass das, worauf sie zurückgeht, wirklich sehr gut als nachvollziehbares Gleichnis für eine verborgene Gefahr genutzt werden kann. Jeder weiß, dass man einen Fisch – außer, wenn **er ins Netz geht,** aber daher kommt eine andere Redewendung – mit einer Angel fängt. Genauso bekannt ist, dass eine Angelschnur nicht ohne einen Angelhaken an ihrem Ende funktioniert. Nicht ganz so bekannt ist, dass dieser Haken nicht einfach so im Wasser schwebt. Der Fisch ist ja nicht blind und würde einen nackten Haken nicht schlucken. Deshalb versteckt der schlaue Angler den Haken in oder an einem Köder, zum Beispiel einem Wurm, so dass er für den Fisch nicht sichtbar ist, ihm aber zum Verhängnis wird, wenn er, vom Köder verlockt, zubeißt. In diesem Moment wird ihm bewusst, dass die Sache **einen Haken hat,** aber dann ist es in der Regel zu spät ...

„Auf Heller und Pfennig"

Von Fersengeld und Kuhhäuten

„Mit gleicher Münze heimzahlen"

Gleiches mit Gleichem vergelten

Die vielen kleinen Fürstentümer, die im mittelalterlichen Reich etwas zu sagen hatten, prägten eigenes Geld. Diese vielen kursierenden Münzen führten dazu, dass es für Händler oft schwierig war, in gleicher Währung herauszugeben, mit gleicher Münze heimzuzahlen. Die Bedeutung dieser Wendung, „Gleiches mit Gleichem zu vergelten", bekam erst später ihren negativen Beigeschmack. Die meistverbreiteten Münzen nach dem Dreißigjährigen Krieg waren Groschen und Taler in Preußen, Kreuzer und Gulden in Österreich. Auf den Münzen war meist auf einer Seite der Wert mit einer Ziffer, auf der anderen Seite der Kopf des Landesherrn abgebildet. Beim Bezahlen legte man das Geldstück so hin, dass man die Wertangabe sehen konnte. Wenn man eine Münze mit der Zahl nach oben hinlegt, liegt der Kopf zwangsläufig unten; da manchmal gezahlt wird, indem man das Geld etwas heftiger auf den Tisch knallt, entwickelte sich die Redewendung *Das Geld auf den Kopf hauen.* Auch heute nennt man noch einen verschwenderischen Umgang mit Geld so, obwohl auf der D-Mark und auch auf den deutschen Euro-Münzen kein Kopf mehr prangt.

„Etwas springen lassen"

etwas ausgeben, spendieren

Die Falschmünzerei war in früheren Zeiten ein verbreitetes Verbrechen. Die Münzen waren noch nicht so perfekt geprägt, man kannte sich auch bei den vielen im Umlauf befindlichen Währungen nicht so genau aus. Da passierte es leicht, dass man auf ein zwar ähnlich aussehendes, aber vom Material her minderwertiges Geldstück hereinfiel, das statt Silber Blei oder Eisen enthielt. Um beim Zahlen Vorbehalte hinsichtlich der Echtheit, das heißt des Edelmetallgehalts der Münze, zu entkräften, ließ so mancher, wenn er zur Kasse gebeten wurde, die Münzen aus der Hand auf den Tisch *springen,* wo sie, wenn sie echt waren, einen entsprechenden, meist silbrigen Klang von sich gaben. Deshalb spricht man auch davon, *in klingender Münze* zu bezahlen. Wer jemals den Klang eines Geldstücks aus Blech, wie es zum Beispiel die Mark der DDR war, vernommen hat, kennt den Unterschied.

„Auf Heller und Pfennig"

exakt

Auch die kleinen Münzen der Vergangenheit haben ihre Spuren in unseren Redewendungen hinterlassen. Ein Heller ist eine seit 1228 geprägte Kupfermünze, die nach der Stadt Schwäbisch Hall benannt wurde, während der Pfennig schon von Karl dem Großen als kleinste Münze eingeführt wurde. Wenn man also etwas auf Heller und Pfennig bezahlt, will man nicht die geringste Summe schuldig bleiben. Genauso ist jemand, der **keinen Heller wert** ist, auch heute noch ein nichtsnutziger Mensch, man könnte sogar sagen: **keinen Pfifferling wert,** denn dieser Pilz war im Gegensatz zu heute, wo er eine seltene Delikatesse ist, so weit verbreitet, dass es sich nicht lohnte, ihn auf dem Markt zu verkaufen. Ein Deut war eine niederländische Münze des 14. bis 17. Jahrhunderts und hatte den Wert von ungefähr 2 Pfennigen. Wer also **keinen Deut besser** ist, ist ein genauso schlechter Kerl. Ob unser moderner Cent auch einmal so sprichwörtlich sein wird wie Heller, Deut und Pfennig?

„Geld bei etwas herausschlagen"

einen Gewinn machen

Geld wurde im Mittelalter nicht mittels einer Presse hergestellt, sondern aus dem Metall geschlagen. Die Redewendung bedeutet also eigentlich, dass man, zum Beispiel aus einem Silberbarren, durch einen Prägeschlag möglichst viele Münzen – heute würde man sagen: Kapital – **herausschlägt.** Beim Münzenschlagen prägte man dem Rohling mit einem Prägestempel das Wappen des Landesherrn ein. Heute **prägen** wir neue Begriffe, aber wir prägen uns auch etwas ein, das heißt, etwas hinterlässt einen starken **Eindruck.** Auch die Redewendung **Von echtem Schrot und Korn** hat nur indirekt mit Getreide zu tun, sondern kommt ebenfalls aus der Münzwerkstatt; das Wort „Schrot" nannte das Gesamtgewicht, „Korn" den Edelmetallgehalt einer Münze, denn auf der Goldwaage wurden als leichteste Gewichtseinheit oft Getreidekörner benutzt. Wer also von echtem Schrot und Korn ist, ist authentisch, unverfälscht.

„Etwas auf die hohe Kante legen"

Geld ansparen

Adlige Burgbewohner hatten im Mittelalter meist ein Kastenbett mit hohen Seitenwänden und einem flachen Dach. Die damaligen Betten hatten so hohe Seitenteile, dass wir heute noch davon sprechen, ***ins Bett zu steigen.*** Bei den Bauern wurden später Himmelbetten Mode, die einen Baldachin aus Stoff und Gardinen rundherum hatten. Himmel und Vorhänge sollten, genauso wie die Kastenbetten, verhindern, dass unter der Zimmerdecke krabbelndes Ungeziefer wie Wanzen und Spinnen sich ins Bett fallen ließ; auch wollte man die Kälte in den ungeheizten Schlafzimmern ungern in die Schlafstatt und gleichzeitig die Wärme hinaus lassen. Oben am Baldachin gab es an der Innenseite meist ein umlaufendes schmales Brett, auf dem man Erspartes ***auf die hohe Kante legen*** konnte, ein vermeintlich sicherer Aufbewahrungsort. Da dieses Versteck aber sogar Gegenstand einer Redensart geworden ist, darf bezweifelt werden, dass hier die Wertsachen einer Familie besonders geheim und damit sicher aufgehoben waren.

„Fersengeld geben"

fliehen, davonrennen

Was hat die Ferse, die ja schon seit Achilles sprichwörtlich ist, mit Geld zu tun? Fersengeld geben ist ein auch heute noch recht verbreiteter Ausdruck, aber die tatsächliche Herkunft ist unklar. Die Redewendung ist seit dem 13. Jahrhundert belegt, denn im „Sachsenspiegel", dem ältesten deutschen Rechtsbuch, ist die Rede von „versen penninge" als Abgabe bei der Ehescheidung. Eine Scheidung war natürlich im kirchlichen Recht nicht vorgesehen, aber nach altem wendischem Recht konnte das Verlassen des Mannes durch die Ehefrau mit der Zahlung von „versnegelt" abgegolten werden; möglicherweise geht es hier um die Zahlung in Naturalien, denn eine junge Kuh nennt man auch heute noch Färse. Eine andere Deutung des Spruches bezieht sich auf seine ganz direkte, wörtliche Aussage: Wer Fersengeld gibt, von dem sieht man die Fersen, wenn er flieht. Der alemannische Rechtsbrauch des Strafgeldes für Deserteure könnte hier Pate gestanden haben, denn danach musste der, welcher seine Leute in Gefahr verließ, eine saftige Strafe zahlen.

„Türmen"

fliehen, sich in Sicherheit bringen

Eines der Klischees über Burgen besagt, dass der höchste Turm der Burg, der Bergfried, als letzte Rückzugsmöglichkeit im Falle der Eroberung der Burg diente und den Flüchtigen wochenlang Zuflucht geboten habe. Dies ist durchaus nicht immer der Fall gewesen, denn viele Bergfriede sind dafür gar nicht geeignet. Sie sind zu eng, haben meist keine Wasserversorgung und oft weder Toiletten noch Kamine. Dass die Eingänge tatsächlich in der Regel sehr hoch lagen, hatte meist symbolische Gründe und sollte die Wehrhaftigkeit ausdrücken, genauso wie die Türme selbst. Aber es gibt auch Türme, in die man sich in – eine meist vermeintliche – Sicherheit bringen konnte, allerdings meist nur für wenige Tage, bis Hilfe kam. Vielleicht nannte man diesen Rückzug über eine Leiter in den Bergfried *Türmen*. Wahrscheinlicher aber ist eine andere Erklärung. Neben dem Fliehen *in* einen Turm wird das Flüchten *aus* einem Turm der tatsächliche Ausgangspunkt dieser Redewendung gewesen sein: Das Gefängnis der Stadt, der Kerker, war meist in einem der Stadttürme untergebracht. Es war sicher das Ziel eines jeden Häftlings, hier hinaus zu *türmen*. Und das kam sicher wesentlich häufiger – und damit sprachprägender – vor als der seltene Rückzug in einen Burgturm.

„Nicht lange fackeln"

schnell handeln, keine Umstände machen

Mit der im Mittelalter als handliche Lichtquelle weit verbreiteten Fackel hat dieser Ausdruck nur sehr indirekt zu tun. Beide gehen auf ein Ursprungswort „fickfacken" zurück, das, man ahnt es schon, „hin- und herbewegen" bedeutete, und zwar in einem abwertenden, lächerlichen Sinn. Heute steckt es noch in einem der zahllosen Wörter für den Geschlechtsverkehr, auch in der englischen Sprache, aber eben auch in dem Ausdruck nicht lange fackeln, was heißt, man soll keine unnötige, überflüssige Bewegung machen. Die Redensart ist schon im 14. Jahrhundert im Gebrauch, heute merkwürdigerweise ausschließlich verneinend – nie hört man jemanden sagen: Nun fackele mal!

„Torschlusspanik haben"

Angst haben, keinen Partner mehr zu bekommen

Bis ins 18. Jahrhundert waren noch viele der mittelalterlichen Stadtmauern mehr oder weniger intakt. Damals konnte man eine Stadt nur durch die Stadttore betreten. Um lichtscheues Gesindel aus der Stadt fernzuhalten, wurden diese Tore nachts geschlossen. Dann kam niemand mehr in die Stadt hinein oder heraus, es sei denn, er konnte sich glaubhaft ausweisen. Reisende, die ihr Ziel noch nicht erreicht hatten, machten sich natürlich Sorgen, dass sie die Nacht außerhalb der Mauern im Freien verbringen mussten und dadurch vielfältigen Gefahren ausgesetzt waren. Die Angst, dass die Tore der Jugend irgendwann geschlossen sein könnten und man keinen Partner mehr bekommt, so dass man den Rest seines Lebens allein zubringen muss, ist wohl mit dieser Angst, nachts vor der Stadt allein zu bleiben, verglichen worden, so dass sich später der Begriff Torschlusspanik gebildet hat, der allerdings jüngeren Datums zu sein scheint.

„Von Tuten und Blasen keine Ahnung haben"

keinerlei Sachverstand besitzen

Zwei Berufsstände im Mittelalter hatten zu tuten und zu blasen: Der Hirte, der einer der untersten Berufsgruppen angehörte, benutzte ein Horn, um das Weidevieh zu locken, und der Nachtwächter verwendete ebenfalls ein Blasinstrument für die regelmäßigen Signale vom Turm oder den Alarm bei Gefahren wie Feuer oder Bedrohung für die Stadtbevölkerung von außen. Beide Tätigkeiten bedurften keiner besonderen Fähigkeiten, man musste nur die Augen offen halten und ein Horn blasen können. Wer nicht einmal zu diesen Aufgaben fähig war, musste besonders dumm sein. Eine andere Herangehensweise nennt den Lebenswandel des Nachtwächters als Ursache für die Redewendung, denn diese Leute waren berufsbedingt tagsüber meist übermüdet und deshalb begriffsstutzig bzw. etwas langsam. Die Redensart ist jedenfalls schon seit dem 16. Jahrhundert nachgewiesen, aber möglicherweise auch wesentlich älter.

„Die Kurve kratzen"

sich schnell entfernen, verschwinden

D ie mittelalterlichen Städte hatten enge Gassen, die eigentlich nur für Fußgänger und für von Eseln gezogene Karren gedacht waren. Als Kutschen aufkamen, hatten diese oft Schwierigkeiten, um die Ecken zu biegen, ohne die Wände der Häuser zu berühren, vor allem, wenn sie ein bestimmtes Tempo überschritten. Dann kratzten die vorstehenden Naben der Wagenräder an den Hausecken, oder die Seitenwände der Wagen beschädigten diese. Um das zu verhindern – solche Schäden mussten ja kostspielig repariert werden – ließen sich die Bewohner von Eckhäusern etwas einfallen. Sie ließen große Steinblöcke, die in manchen Gegenden tatsächlich „Kratzsteine" genannt werden, dicht an der Hausecke so in den Boden ein, dass sie so weit emporragten, dass die Lenker der Pferdewagen gezwungen waren, Abstand zu halten, wenn sie nicht einen Radbruch riskieren wollten.

„Aus dem Stegreif"

unvorbereitet sein, etwas spontan machen

B ei dieser Redewendung, deren Substantiv schon ins Althochdeutsche zurückreicht, ist die Fehlerquote beim Diktat sicher hoch. Denn dieser Begriff hat mit dem Stehen nichts zu tun und ist deshalb kein „Steh-Greif", sondern müsste „Steg-Reif" geschrieben werden. Es handelt sich um die alte Bezeichnung für den Steigbügel, der früher mehr wie ein Reif, also ein Ring, geformt war. Um größere Aufmerksamkeit zu erzielen, verlasen Kuriere oder Herolde die Botschaften ihres Herrn, ohne vom Pferd zu steigen; sie erhoben sich vielmehr aus dem Sattel, blieben also in den Stegreifen, den Steigbügeln. Deshalb bezieht sich die Redensart auf den eiligen Reiter, der etwas erledigt, ohne abzusteigen. Später veränderte sich der Sinn dieser Wendung hin zum Spontanen, Improvisierten. Die sogenannte Stegreifdichtung war schon in der Antike verbreitet, und auch das spätere Volkstheater bevorzugte Spielformen, in denen die Schauspieler den Text variieren konnten. Die Stegreifrede als rhetorische Kunst wird nicht mehr gelehrt, sondern mehr dem Talent – oder dem Zufall – überlassen.

„Ein Spießbürger sein"

engstirnig, geistig unbeweglich sein

Der Begriff „Bürger" leitet sich von dem althochdeutschen Wort „burga – Schutz" ab und meint Bewohner einer burgartig befestigten Stadt. Im Mittelalter hatten diese Bürger die Pflicht, im Angriffsfalle ihre Stadt mit der Waffe zu verteidigen. Diese Waffe war in erster Linie ein Spieß, der relativ günstig herzustellen war, aber sehr erfolgreich gegen die Ritterheere des Hoch- und Spätmittelalters eingesetzt werden konnte. Ein Spießbürger war also ursprünglich etwas Positives, nämlich ein Stadtbewohner, der das Recht hatte, eine Waffe zu benutzen, und sich wehren konnte. Ab dem 17. Jahrhundert, als die Schusswaffen die Hieb- und Stichwaffen fast völlig verdrängt hatten, waren die nunmehr rückständigen Spießbürger den mit Musketen und Büchsen bewaffneten Söldnern und Landsknechten unterlegen, so dass der Begriff einen negativen Ton bekam. Die Kurzform *Spießer* kam dann im 20. Jahrhundert auf und wurde erst abwertend von Adligen gegenüber dem Bürgertum gebraucht; heute ist damit ein engstirniger, ewig gestriger Mensch gemeint.

„Katzbalgen"

handgreiflich streiten, raufen

Auch wenn sich dieser Ausdruck deutlich tierisch anhört und man heute das Raufen zweier rivalisierender Kater so nennt, hat er nur indirekt mit den Stubentigern zu tun, geht vielmehr zurück auf die Bewaffnung der Landsknechte des 16. Jahrhunderts. Damals gab es den sogenannten Katzbalger, ein in Europa weit verbreitetes Kurzschwert. Der Katzbalger hatte eine kurze, breite Klinge von etwa einem halben Meter und wurde im Nahkampf eingesetzt, wenn die typischen Waffen der Landsknechte, die Hellebarden und Spieße, unwirksam waren. Der eigenartige Name dürfte auf die Gewohnheit der Soldaten zurückzuführen sein, ihre Waffen mit Kosenamen zu versehen; sie nannten Kanonen zum Beispiel „Nachtigal" oder „Schnurrhindurch". Der Name des Katzbalgers könnte deshalb daher kommen, dass das Schwert möglicherweise in einem Beutel aus Katzenfell, einem Katzenbalg getragen wurde.

„Zur Sau machen"

jemanden beschimpfen, erniedrigen

Im Mittelalter wurden Täter von kleineren Vergehen oft dazu verurteilt, zum allgemeinen Gespött einen Hund oder ein Schwein durch die Stadt zu tragen. Später wurde das Tier durch eine Maske in Tierform ersetzt. Das Tragen einer solchen Schandmaske, zum Beispiel eines wie ein Schweinekopf geformten eisernen Korbes, war eine verbreitete Ehrstrafe, denn sie gab den Täter der Lächerlichkeit preis. Für verschiedene Vergehen gab es passende Masken, die möglichst etwas mit der Tat zu tun haben sollten. Ob von der Schweinsmaske die Redewendung **Jemanden zur Sau machen** kommt, ist etwas unklar. Möglicherweise hat sie ihren Ursprung auch darin, dass jemand so übel zugerichtet wird, dass er einer geschlachteten Sau gleicht. Das Schwein gilt, weil es sich gern im Schlamm suhlt, als schmutziges Tier (was bekanntlich nicht stimmt). Deshalb sagt man auch von Menschen, die sich hemmungslos gehen lassen, dass sie **die Sau rauslassen.** Der Ausdruck **Unter aller Sau** dagegen hat mit Schweinereien nichts zu tun. Er leitet sich vielmehr aus dem jiddischen Wort „seo" für „Maßstab" ab, welches die Volksetymologie zu „Sau" gemacht hat.

„Eine Eselsbrücke bauen"

Hilfsmittel für Begriffsstutzige

Esel gelten als dumm und störrisch. Wer die sympathischen Langohren kennt, weiß, dass das überhaupt nicht den Tatsachen entspricht. Esel wissen nämlich ganz genau, was sie wollen und was nicht, und dafür gibt es dann auch einen guten Grund. Zum Beispiel weigern sich Esel, auf einer Brücke, die keinen geschlossenen Boden hat, einen Fluss zu überqueren. Diese Vorsicht ist nur zu natürlich, denn das Tier weiß ja nicht, dass seine Scheu unbegründet ist. Im Mittelalter verstand man also unter einer Eselsbrücke eine Schwierigkeit, die nur für Dumme gilt, keine echte, sondern eine nur vermeintliche Gefahr. Diese Erklärung ging im Laufe der Zeit verloren, so dass man die Wendung heute genau umgekehrt versteht, dass nämlich für den Esel, also den angeblich Dummen, eine Hilfskonstruktion errichtet wird, die ihm hilft, eine Schwierigkeit zu überwinden.

„Das geht auf keine Kuhhaut"

etwas ist unbeschreiblich, eine Unverschämtheit

Als frühesten Beleg für diese alte Redewendung haben wir die „Sermones vulgares" von Jacques de Vitry aus dem frühen 13. Jahrhundert. Wenn man sich mit dieser Redewendung beschäftigt, muss man wissen, dass es zu dieser Zeit noch üblich war, auf eine Tierhaut zu schreiben. Denn bevor das Papier im 13. Jahrhundert seinen Siegeszug antrat, wurde auf Pergament geschrieben. Dabei handelte es sich um Tierhäute, meist von Schafen oder Kälbern, die durch verschiedene Bearbeitungsstufen dünn und glatt gemacht wurden. Die Menschen im Mittelalter glaubten nun, dass während ihres Lebens der Teufel ihre Sünden aufschreibe, um sie ihnen beim Jüngsten Gericht vorzuhalten. Da konnte bei einem richtigen Sünder schon allerhand zusammenkommen. Die Ankündigung, dass selbst die Haut des größten zur Verfügung stehenden Tieres, also der Kuh, nicht ausreichen könnte, um alle Sünden eines Menschen niederzuschreiben, kann als ultimative Drohung mit der ewigen Verdammnis aufgefasst werden.

„Schwein gehabt!"

ohne eigenes Zutun oder wider Erwarten Glück gehabt

Schon im Mittelalter gab es Wettbewerbe und Preiskämpfe in vielen Disziplinen. Darunter waren Pferderennen und Schießwettbewerbe am beliebtesten, diese mit dem Bogen, mit der Armbrust und später mit dem Gewehr. Je nach Anlass wurden recht hohe Preise ausgelobt; so ist für ein Pferderennen aus dem Jahr 1448 bekannt, dass der Sieger ein wertvolles scharlachfarbenes Tuch gewann, der Zweite einen Sperber, also einen kleineren Beizvogel, und der Dritte eine Armbrust. Der Letzte aber „gewann" einen Trost-, aber auch Spottpreis, nämlich ein Schwein. So etwas war lange Zeit üblich, und die Schande, ein Schwein durch die Stadt treiben zu müssen, scheint größer gewesen zu sein als das − allerdings unverdiente − Glück, für den letzten Platz immerhin noch ein ganzes Schwein mit nach Hause nehmen zu können. Zwar hatte man sich lächerlich gemacht, aber auch etwas relativ Wertvolles abbekommen. Die Redensart bedeutet deshalb, Glück im Unglück zu haben.

„Einen Bären aufbinden"

schalkhaft die Unwahrheit sagen

Auch bei dieser Redewendung hat vermutlich mal wieder die Volksetymologie ihre Finger im Spiel gehabt. Denn es ist anzunehmen, dass hier gar kein Bär gemeint ist, denn es wäre denn doch gar zu tollkühn, das gefährlichste Raubtier unserer Breiten jemandem aufzubinden. Vielmehr dürfte die Redensart mit dem mittelhochdeutschen Wort „ber" zu tun haben, was so viel bedeutet wie Last oder Abgabe und heute noch in dem Wort „gebären" enthalten ist. Jemandem eine Last aufbinden kann man schon eher; allerdings ist dann noch unklar, wieso sich die heutige Bedeutung „anlügen" entwickeln konnte. Deshalb hat vielleicht doch die Jagd hier Pate gestanden; einen Bären erlegt zu haben, war sicher das größtmögliche Jägerlatein, das ein Waidmann einem Zuhörer aufbinden konnte. Die Redensart *Einen Bärendienst erweisen* mit der Bedeutung „eine Hilfe erweisen, die das Gegenteil des Angestrebten bewirkt" ist dagegen eindeutig nachzuweisen, denn sie kommt aus dem Reich der Fabel, wo ein zahmer Bär seinen Herrn erschlägt, als er ihm die lästigen Fliegen abwehren will – ein echter Problembär.

„Den Bock zum Gärtner machen"

den am wenigsten Geeigneten mit einer Aufgabe betrauen

In den Fabeln spielen Tiere eine wichtige Rolle. Sie können sprechen, haben menschliche Eigenschaften und handeln auch allzu menschlich. In dieser Redewendung, gewissermaßen einer Mini-Fabel, die bereits aus dem 16. Jahrhundert bekannt ist, wird einem Ziegenbock eine Aufgabe übertragen, die diesem sicher äußerst gut gefällt. Ziegen sind bekanntlich Allesfresser und lassen sich sogar stachlige Rosenstengel und Brombeerranken munden. Nicht auszudenken, was ein Ziegenbock in einem Garten anstellen würde, der in seine Obhut gegeben wäre. In eine ähnliche Richtung gehende Zusammenstellungen findet man im Jahre 1649; hier wird nicht nur der Bock zum Gärtner, sondern auch der Wolf zum Schafhirten gemacht, und ausgerechnet die Katze soll auf den Käse aufpassen – sicher mit dem zu erwartenden Ergebnis!

Kapitel 7: Häusliches

„Immer die alte Leier"

Von Maulaffen und Brotkörben

„Dahin gehen, wo der Pfeffer wächst"

sich sehr weit entfernen

Die einfachen Leute im Mittelalter würzten ihre Speisen natürlich mit einheimischen Gewürzpflanzen wie Senf. Weil Senfbrühe wie heute Ketchup über alle möglichen Speisen gegeben wurde, sagt man heute noch, dass jemand ***seinen Senf dazugibt,*** wenn er sich in etwas einmischt. Pfeffer als exotisches Gewürz war vor allem wegen seines langen Transportweges sehr teuer. Das Land, aus dem Pfeffer importiert wurde, war Indien, das für damalige Verhältnisse unvorstellbar weit entfernt war, also die richtige Gegend, um jemanden dort hin zu wünschen. Pfeffer war so kostbar, dass man ihn auch als Zahlungsmittel benutzte; er war zeitweise sogar mehr wert als Gold: Erst gegen Zahlung von 3000 Pfund Pfeffer soll der Westgotenkönig Alarich um 408 die Belagerung von Rom aufgehoben haben. Im Mittelalter beglich man mit Pfeffer Steuern und Zölle, sein Genuss bedeutete soziales Renommee, und wirklich reiche Leute gebrauchten das teure Gewürz verschwenderisch, um ihren Reichtum zu zeigen. Die Schärfe des Pfeffers trieb damals schon Tränen in die Augen, ähnlich wie hohe Rechnungen, weshalb man auch schon 1600 von ***gepfefferten Preisen*** sprach.

„Süßholz raspeln"

schmeicheln, Komplimente machen

Zucker war im Mittelalter ein seltenes Luxusgewürz der Reichen, ähnlich wie Salz und Pfeffer. Das gemeine Volk verwendete Honig zum Süßen. Dabei war es bis ins Mittelalter nicht so einfach, schmerzlos an diesen Rohstoff heranzukommen, erst im 14. Jahrhundert wurde die Honiggewinnung professioneller betrieben. 1747 wurde die Zuckerrübe als Lieferant entdeckt, ab 1801 wurde Zucker fabrikmäßig produziert und stand nun billig und in jeder Menge zur Verfügung. Und was schenkte der Galan der Umworbenen im Mittelalter? Er schabte oder raspelte den zuckerhaltigen Wurzelstock des Spanischen Süßholzes, um seiner „Süßen" ein Geschenk zu machen, dem sie nicht widerstehen konnte. Unvorstellbar, heute eine Dame mit Süßem rumzukriegen? Und was ist mit der „längsten Praline der Welt" aus der Werbung?

„Den Brotkorb höher hängen"

knapper halten, strenger behandeln

Die Möglichkeiten der Konservierung von Lebensmitteln waren im Mittelalter begrenzt. Räuchern, Pökeln und Trocknen war üblich, ansonsten musste immer frisch zubereitet werden. Haltbare Nahrungsmittel wie Räucherfisch und Dörrfleisch, aber auch in Körben gelagerte Backwaren wurden in der Küche an der Decke aufgehängt, um sie vor Ratten und Mäusen zu schützen. In Hungerperioden musste der Brotkorb, der normalerweise handlich in Griffhöhe angebracht war, höher gehängt werden, um den Zugriff außerhalb der reglementierten Essensausgabe mit ihren knappen Rationen zu unterbinden. Die Tatsache, dass Brot eines der wichtigsten, für sehr viele Menschen das einzige Nahrungsmittel war, lässt ahnen, dass es sehr schlechte Zeiten waren, in denen der Brotkorb höher gehängt werden musste. Kein Wunder, dass diese Redensart gerade im 17. Jahrhundert, nämlich zur Zeit des Dreißigjährigen Krieges, entstanden ist.

„Da brat mir einer einen Storch!"

Da bin ich aber sehr erstaunt!

Die mittelalterliche Küche war im Vergleich zu heutigen Ernährungsgewohnheiten eher fleischarm. Getreide spielte als Grundnahrungsmittel eine große Rolle und wurde zu Brei, Grütze und Brot verarbeitet. Fleisch lieferte das Schwein, nicht so sehr das Rind. In der Küche damals wurden aber auch Tiere zubereitet, die dem heutigen Gaumen als völlig ungenießbar erschienen wären, zum Beispiel Igel und Siebenschläfer. Neben Hühnern, Gänsen und Enten wurden auch Schwäne, Pfauen, Wachteln, Kraniche, Singvögel, ja überhaupt jede Vogelart, die man fangen konnte, verzehrt. Aber es gab auch Tiere, deren Genuss untersagt war. Nach einer alttestamentlichen Speisevorschrift darf zum Beispiel der Storch, ebenso wie Reiher, Rabe und Schwalbe, nicht gegessen werden. Dieses Verbot nahm man auch im Mittelalter ernst, zumal der Storch ja nach der Legende die kleinen Kinder brachte. Einen Storch zu braten gehörte sich also nicht und würde nur Entrüstung hervorrufen.

„Einen Zahn zulegen"

beschleunigen

In vielen Burgküchen wird heute diese Redewendung zitiert, wenn es darum geht, die eigenartigen Topfstangen zu erklären, die zur Ausstattung eines mittelalterlichen Kamins gehörten. Diese sind nämlich an einer Seite gezackt wie ein Zahnrad. Man konnte, je nachdem, wie hoch man den Topf mittels dieser Zahnreihe und eines sinnreichen Einrastmechanismus über der Glut arretierte, die Temperatur des Topfinhalts und damit die Gargeschwindigkeit regulieren. Leider hat die Redewendung vom zugelegten Zahn nichts mit diesen Zahnstangen zu tun. Sie kommt vielmehr aus dem frühen Automobilbau, als die Oldtimer anstatt eines Gaspedals einen Handgashebel mit Zahnkranz, manchmal auch eine hierfür vorgesehene gezähnte Stange hatten. Wenn man dort die Arretierung einen Zahn weiter einrasten ließ, also

einen Zahn zulegte, fuhr das Auto schneller. Die Redewendung hat also mit den Topfhaken in den Burgkaminen wirklich nichts zu tun, auch wenn es so scheint und immer aufs Neue wiederholt wird!

„Ins Fettnäpfchen treten"

etwas Peinliches sagen

Entstanden ist diese Redewendung entgegen der verbreiteten Annahme nicht im Mittelalter, sondern wohl erst im 19. Jahrhundert. Sie geht darauf zurück, dass man auf dem Lande, wo es noch wenige befestigte Straßen gab, in den Bauernhäusern einen Tiegel mit Fett bereithielt, um damit die Ledersiefel wasserdicht einzufetten. Dabei bestand immer die Gefahr, dass ein unaufmerksamer Besucher versehentlich in eines dieser auf dem Fußboden stehenden Fettnäpfchen trat, was natürlich sehr peinlich war, weil es nicht nur den Fußboden, sondern auch die eigene Kleidung verschmutzte. Möglicherweise sind mit der Redensart auch die Näpfe gemeint, in denen das von an der Decke hängenden Würsten und Speckseiten tropfende Fett aufgefangen wurde. Hier war die Peinlichkeit womöglich wegen des durch den Tritt umgekippten und verdorbenen Fettes noch größer.

„Das Wasser nicht reichen können"

nicht ebenbürtig sein

Bei einem mittelalterlichen Bankett herrschte zwar Überfluss in Sachen Speisen und Getränke, das Essbesteck aber war im Vergleich zu heute erstaunlich einfach. Es gab nur Löffel für die Suppe, ansonsten wurde mit den Fingern gegessen. Um diese vor und nach der Mahlzeit zu reinigen, konnten sich die Gäste Wasser über die Hände gießen lassen. Es ist in vielen mittelalterlichen Quellen bezeugt, dass das „wazzer nemen" ganz selbstverständlich zum Gastmahl gehörte. Das Wasser wurde den adligen Festteilnehmern von einem Pagen offeriert, also einem Edelknaben, der am Hofe des Gastgebers diente. Ein niederer Angestellter, etwa gar ein Knecht, hätte den hochgestellten Gästen nicht **das Wasser reichen können,** er hätte ja im sozialen Niveau weit unter ihnen gestanden; in diesem übertragenen Sinn wird die Redewendung seit dem 16. Jahrhundert gebraucht. Das moderne Fast Food könnte die Entwicklung der Esskultur wieder zurückschrauben; Hamburger, Döner & Co. werden ja schon wieder mit den Fingern gegessen ...

„Aufschneiden"

prahlen, angeben

Diese Redewendung lautete ursprünglich „mit einem großen Messer aufschneiden" und wird so interpretiert, dass ein Angeber eine kleine Portion mit einem zu großen Messer bearbeitet; man könnte auch sagen, dass er ein winziges Problem aufbauscht, um mit der Lösung zu beeindrucken. Es gibt aber noch eine andere ins Mittelalter zurückreichende Variante: Bei Hofe gab es viele Ämter wie den Truchsess, den Mundschenk und den Brotmeister. Eine der niederen Aufgaben war, dem Hausherrn und seinen Gästen das Fleisch schneiden und vorlegen zu dürfen. Weil hier ein scharfes Messer im Spiel war, wurde die Position nur einem zuverlässigen Dienstmann anvertraut. Sicher hat diese verantwortungsvolle Tätigkeit den einen oder anderen „Aufschneider" dazu verleitet, mit dieser Position anzugeben. Wenn also jemand prahlte, dass er dem Hausherrn ganz nahe kommen und ihm sogar das Fleisch schneiden dürfe, war er gewiss ein Aufschneider.

„Die Tafel aufheben"

die Mahlzeit als beendet erklären

Die Einrichtung mittelalterlicher Burgen war weitaus schlichter, als sich das die meisten Menschenheute vorstellen. Unser Bild von dieser Zeit ist nämlich geprägt von der Mittelalterbegeisterung der Romantik, als man sich unter anderem eine Burg voller Rüstungen, Ahnenportraits und Waffen an den Wänden vorstellte. Nichts davon ist authentisch. In Wirklichkeit war der Rittersaal – auch dieser Begriff stammt aus der Burgenrezeption des 19. Jahrhunderts – relativ leer, die Gäste des Hausherrn nahmen auf einfachen Bänken Platz, und die Speisen standen auf großen Brettern, die auf Holzböcken lagen. Die Tafeln wurden nach dem Mahl mit allem, was darauf stand, mit Speiseresten und benutztem Geschirr, aufgehoben und aus dem Saal getragen, um Platz für andere Aktivitäten zu haben. Schon sehr lange werden keine Tischplatten mehr aus dem Raum getragen, und dennoch hat sich die Redensart bis heute gehalten, wo sie allerdings mehr als Signal verstanden wird, dass die Mahlzeit endgültig beendet ist.

„Den Löffel abgeben"

sterben

Im Mittelalter war es völlig normal, mit den Fingern zu essen. Die für uns heute selbstverständliche Gabel war verpönt, weil der Teufel eine Gabel benutzte. Jahrhunderte lang war, neben dem Messer, mit dem Fleisch und Brot geschnitten wurden, das einzige Esswerkzeug der Löffel, den man für Suppe und Brei benötigte. In der mittelalterlichen Hausgemeinschaft erhielt jedes Haushaltsmitglied einen eigenen Holzlöffel, den jeder nach der Mahlzeit abwischte und auf das Löffelbrett steckte. Den eigenen Löffel behielt man meist bis zum Lebensende. Dadurch wurde der Löffel nicht nur ein Symbol für Essen, sondern auch für Leben allgemein. Wer den Löffel abgegeben hatte, war gestorben, da der Löffel zur Nahrungsaufnahme offenbar nicht mehr nötig war. Weil damals nichts weggeworfen wurde, was man noch irgendwie verwenden konnte, wurden Löffel von gestorbenen Familienmitgliedern selbstverständlich an einen Jüngeren weitergegeben.

„Maulaffen feilhalten"

mit offenem Mund neugierig dastehen

D en Unterschied zwischen dem Leben im Mittelalter und dem unseren heute kann man sich verdeutlichen, wenn man bedenkt, was damals an heute selbstverständlichen Dingen nicht vorhanden war. Zum Beispiel war damals der Tag nach Sonnenuntergang schnell zu Ende, denn es gab außer Tranfunzeln nur Kienspäne, die etwas Licht spendeten. Für diese harzreichen Holzscheite gab es tönerne Kienspanhalter, in Form eines menschlichen Kopfes gestaltet, mit dem offenen Mund als Öffnung für den Kienspan. Der Grund war, dass man den Span, wenn man gerade keine Hand frei hatte, kurzfristig durchaus auch zwischen die Zähne nahm. Im 14. Jahrhundert wurden diese Halter deshalb „Maulaffen" genannt. Auch die späteren, zangenartigen Geräte aus Metall behielten diesen Namen, obwohl sie keine Ähnlichkeit mehr mit einem Kopf hatten. Die Redewendung nimmt Bezug auf das dumme Gesicht mit offenem Mund, das aussieht wie ein Kienspanhalter, eben ein zum Verkauf angebotener Maulaff.

„Etwas ausbaden"

Konsequenzen tragen müssen

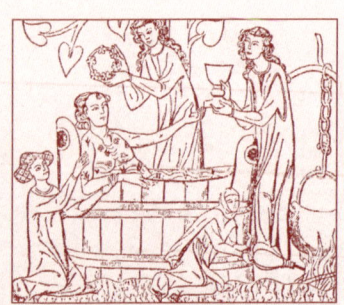

I n früheren Zeiten, als es noch nicht so einfach war, einen ganzen Zuber Wasser zu erhitzen, war es selbstverständlich, dass sich die Mitglieder einer Familie das Badewasser teilten, indem sie nacheinander das einmal gefüllte Badefass nutzten. Dies galt auch über die direkten Familienangehörigen hinaus, denn früher gehörte auch das Gesinde, also Mägde und Knechte, zum Haushalt. Deshalb kamen, je nach Rangordnung, auch die anderen nacheinander in den „Genuss" des immer kälter und schmutziger werdenden Badewassers. Der Letzte musste schließlich das Wasser entsorgen und Fass und Kammer reinigen. Auf diese unangenehme Arbeit bezieht sich die Redewendung, die so zu verstehen ist, dass man für etwas verantwortlich gemacht wird, das jemand anderes verschuldet hat. Im 20. Jahrhundert bildete sich in diesem Zusammenhang auch die Wendung **Baden gehen,** die ebenfalls einen nicht gerade positiven Vorgang meint.

„Einen Korb geben"

einen Antrag ablehnen

Zur romantischen Brautwerbung gehörte immer schon, unter dem Fenster der Angebeteten um ein Rendezvous zu bitten. Im Mittelalter scheint es Usus gewesen zu sein, den Freier in einem Korb, der aus dem Fenster der Angebeteten heruntergelassen wurde, zu ihr hochzuziehen. Da stellte sich für die Frau manchmal das Problem, wie sie einem nicht willkommenen Mann beibringen konnte, dass er nicht erwünscht war. Eine drastische Methode war, einen Korb mit beschädigtem Boden herunter zu lassen, der unter dem Gewicht des Freiers heraus brach. Diese *bodenlose* Gemeinheit ließ Liebhaber *durchfallen* - tatsächlich stammt dieser heute meist auf nicht bestandene Prüfungen angewendete Ausdruck aus diesem Zusammenhang. Eine peinlichere Variante der Abweisung bestand darin, den Freier *hängen zu lassen,* indem man das Hochziehen des – diesmal intakten – Korbes auf halber Höhe des Hauses stoppte. Diese Bräuche waren im 17. Jahrhundert bereits vergessen, aber die Wendung hat den Sinn eines negativen Bescheids behalten.

„Etwas durch die Blume sagen"

eine Aussage beschönigend umschreiben

Früher kam es häufig vor, dass ein Freier um eine Jungfrau anhielt, die ihn noch nicht kannte. Wenn sie ihn ablehnte, sich aber scheute, dies auszusprechen, konnte sie dem Bewerber beispielsweise einen Strauß bestimmter Blumen überreichen; da früher viele Blumen wie Vergissmeinnicht oder Männertreu eine symbolische Bedeutung hatten, konnte sie ihm ihre Entscheidung durch die Blume mitteilen, ein Nein zum Beispiel durch Kornblumen. Wenn sie sich traute, konnte sie es ihm allerdings auch *unverblümt* ins Gesicht sagen. Eine andere Art der höflichen Abfuhr war das *Abspeisen.* Dabei erhielt der Freier eine bestimmte Mahlzeit vorgesetzt, je nachdem, ob die Antwort positiv oder negativ war. In Hessen zum Beispiel reichte man bei einem Ja Wurst und Schinken, bei einem Nein Käse – dann war alles „Käse". Manchmal kam es allerdings vor, dass sich der enttäuschte Freier nicht so einfach abspeisen lassen wollte ...

„Um die Hand anhalten"

einen Heiratsantrag stellen

Jahrhunderte lang kam für die Frau nur die traditionelle Rolle als Hausfrau und Mutter in Frage, ein Beruf, also ein selbständiger Gelderwerb, war undenkbar. Noch weit ins 20. Jahrhundert hinein waren viele Frauen völlig auf die Fürsorge eines Mannes angewiesen. Dieser Mann war erst der Vater, bei der Heirat ging die Verantwortung an den Ehemann über. Dies wurde symbolisch dadurch ausgedrückt, dass der Vater dem Bräutigam feierlich die Jungfrau an der Hand zuführte; dann legte der Vormund die Hand der Braut in die des Bräutigams. Die Hand, das wichtigste Werkzeug des Menschen, war schon immer ein Symbol der Macht, des Besitzes und Schutzes und stand auch symbolisch für den ganzen Menschen. Insofern meinte der Freier auch die ganze Frau, wenn er *um deren Hand anhielt.* In der Zeit der symbolischen Gesten war übrigens auch der Fuß wichtig; auf den musste der Mann der Angetrauten treten, um die „Inbesitznahme" perfekt zu machen.

„Unter die Haube kommen"

geheiratet werden

In Diskussionen um Kopftuch tragende Frauen aus anderen Kulturkreisen vergisst man oft, dass es auch bei uns noch vor gar nicht langer Zeit für eine verheiratete Frau unschicklich war, ohne Kopfbedeckung aus dem Haus zu gehen. Nach germanischem Brauch war es ein Symbol der Jungfräulichkeit, das Haar offen zu tragen; die Verhüllung des Haupthaares war Kennzeichen der verheirateten Frau. Dies blieb auch im christlichen Mittelalter verbindliche Sitte, und auch heute noch verhüllen zum Beispiel Frauen bei der Papstvisite ihr Haar mit einem Tuch oder einem Schleier. Zu vielen Trachten, den traditionellen Bekleidungen in den verschiedenen Landschaften, gehörte die Haube für die verheiratete Frau. Die setzte sie zum ersten Mal am Tag ihrer Hochzeit auf und zeigte so ihren Stand. Daraus entstand die bekannte Redewendung. Die Redensart *Unter einen Hut bringen* drückt den Machtanspruch des Ehemannes über seine Frau aus; sie musste akzeptieren, dass er den Hut aufhatte, das Symbol der Herrschaft.

„Unter einer Decke stecken"

insgeheim zusammenarbeiten

Zwangsheiraten waren auch in hiesigen Gefilden im Mittelalter üblich. Die Verheiratung der Kinder wurde meist von den Eltern betrieben, wobei oft andere Faktoren eine Rolle spielten als Zuneigung; das ganze ähnelte zumeist eher einem Geschäft oder einem Zweckbündnis. Laut „Sachsenspiegel" von 1220 gehörte es zu den symbolischen Rechtsakten, dass eine Ehe erst dann als rechtmäßig geschlossen galt, wenn die Frischvermählten zusammen und vor Zeugen ins Bett gestiegen waren und sich zugedeckt hatten, also unter einer Decke steckten. Allerdings kommt noch ein anderer, auf den ersten Blick etwas eigenartiger Sachverhalt als Ursprung für die Redewendung in Frage. In den höfischen Ritterepen wird berichtet, dass auch Ritter eine Bettstatt teilten, wenn es, zum Beispiel bei Festen auf Burgen, zu wenige Kammern gab. Man scheint das damals nicht so eng gesehen zu haben, aber selbstverständlich schliefen nur Freunde oder Kameraden, die sich trauten, das heißt vertrauten, unter einer Decke.

„Vögeln"

geschlechtlich verkehren

Dieser vulgäre, nicht in der Öffentlichkeit übliche, aber schon um 1600 nachweisbare Ausdruck für das intime Beisammensein hat wahrscheinlich seinen Ursprung im Mittelalter. Damals war es üblich, dass die adlige Dame zur Unterhaltung Singvögel hielt, meist Amseln oder Finken. Wenn sie den Käfig ans offene Fenster stellte, signalisierte sie ihrem Liebhaber, dass er zu den Vögeln kommen konnte ... Eine andere Quelle für die Redensart könnte die Falkenjagd gewesen sein, eines der beliebtesten adligen Vergnügen; Kaiser Friedrich II. (1194-1250) hat ein Standardwerk dazu geschrieben. Im Unterschied zur Jagd auf Wildschweine, die nicht ungefährlich und deshalb Männersache war, konnten an der Beizjagd auch Frauen teilnehmen. Da mag es nicht ausgeblieben sein, dass die Jagdgesellschaft sich bei dieser Gelegenheit auch mit sich selbst vergnügte; leicht möglich, dass die Jagd mit den Vögeln auch als Alibi für die Jagd aufeinander genutzt wurde.

„Mit Kind und Kegel"

mit der ganzen Familie

Mit dem beliebten Kegeln hat diese Redewendung nichts zu tun, obwohl dieses Spiel zu den ältesten der Welt gehört. Vielmehr wird das Wort „Kegel" in einem Wörterbuch aus dem 15. Jahrhundert mit „uneheliches Kind" übersetzt; es ist also tatsächlich die gesamte Familie gemeint gewesen, inklusive eventueller nicht legitimer Ableger. Es handelt sich hier aber wieder um eine der Zwillingsformeln wie „Mann und Maus" oder „Haus und Hof", die einen umfassenden Sinn haben und zugunsten des Stabreims auf inhaltliche Logik keinen gesteigerten Wert legen. Das Wort „Kegel" ist allerdings schwer zu deuten; mit diesem klobigen Spielgerät könnten ursprünglich Kinder abwertend bezeichnet worden sein, wie ja in bestimmten Schichten hoffnungsvolle Sprösslinge noch heute mehr oder weniger liebevoll „Bälger" genannt werden. Später kann sich dann der Spottbegriff auf die unehelichen Kinder konzentriert haben.

„Schief gewickelt sein"

falsch informiert sein

Dieses Wickeln geht auf den mittelalterlichen Umgang mit Kleinkindern zurück und hat nur indirekt mit unsachgemäßer Verpackung zu tun. Auch heute sagt man ja noch, dass ein Baby gewickelt wird, man meint aber lediglich, dass es eine frische Windel bekommt. Im Mittelalter aber war mit Wickeln tatsächlich das Einwickeln des ganzen Körpers mit Ausnahme des Kopfes gemeint, weshalb man bei Säuglingen noch heute von Wickelkindern spricht. Unter modernen Gesichtspunkten der Babypflege ist diese historische Art der Ruhigstellung natürlich abzulehnen, weil das Kind stundenlang keinen Finger bewegen konnte. Wie dem auch sei, Ammen beherrschten damals jedenfalls die Kunst, Kleinkinder richtig zu wickeln, um spätere Haltungsschäden zu vermeiden. Wenn nämlich ein Kind **schief gewickelt** wurde, konnte das sehr schmerzhaft und folgenreich sein.

„Den Nagel auf den Kopf treffen"

ins Schwarze treffen

Auf den ersten Blick könnte diese Redewendung aus der Zimmermannssprache kommen. Aber dass ein Handwerker einen Nagel mit dem Hammer trifft, ist so selbstverständlich, dass sich daraus kaum eine Redensart entwickelt haben dürfte. Hier geht es denn auch vielmehr um den Nagel, der früher den Mittelpunkt einer Zielscheibe bildete. Wo sich heutzutage ein meist schwarzer Punkt mit einer 12 befindet, war auf historischen Scheiben ein Nagel eingeschlagen. Wer diesen **Nagel auf den Kopf traf,** hatte also genau ins Schwarze getroffen. Im Mittelhochdeutschen war das Wort für Nagel „zwec", und im 15. Jahrhundert wurde der Nagel in der Mitte der Zielscheibe „Zwecke" genannt, woraus sich unser Begriff **Zweck** entwickelt hat, denn der Zweck des Schusses war, den Nagel auf den Kopf zu treffen.

„Einen Stein im Brett haben"

bei jemandem beliebt sein

Diese Redensart lässt sich bis ins Mittelalter zurückverfolgen, als „Puff", dessen Spielbrett dem des heutigen Backgammon ähnlich war, ein beliebtes Brettspiel war. Bei diesem Würfelspiel, auch „Trictrac" genannt, ging es darum, Spielsteine zu platzieren. Wer zwei Felder nebeneinander besetzen konnte, hatte höhere Gewinnchancen, hatte **einen guten Stein im Brett.** Die Redewendung wurde im 16. Jahrhundert in dem Sinn benutzt, dass ein Vertrauter vor Ort, der einem bei Problemen mit der Obrigkeit helfen kann, wie ein guter Stein im Brett ist. Übrigens geht der Vulgärausdruck „Puff" für Bordell tatsächlich auf dieses Spiel zurück, das dort häufig gespielt wurde; man ging also **zum Puff.** Ein Glückswurf beim Würfeln hat auch mit der Redensart **In die Schanze schlagen** zu tun. Hier geht es nicht um die Schanze als Wehrbau, sondern um „cheance", einen altfranzösischen Ausdruck dafür, wenn man etwas einsetzte als Gewinn für den höchsten Wurf. Um 1200 wurde daraus die „schanze", und heute sprechen wir ja noch von der Gewinn-„Chance". Im Begriff **Zuschanzen,** das heißt „jemandem ohne seinen Verdienst einen Vorteil verschaffen", ist ebenfalls diese „cheance" enthalten.

„Immer die alte Leier"

immer wieder auf dasselbe Thema zu sprechen kommen

Die mittelalterliche Musik klingt in unseren an Mozart, Beethoven und McCartney gewöhnten Ohren eher fremd, denn sie ist durch die Bordun-Charakteristik bestimmt. Bordune sind feststehende Töne, die eine monotone Begleitung spielen, eine frühe Art der Mehrstimmigkeit. Das bekannteste Borduninstrument ist der Dudelsack, der auch im Mittelalter sehr verbreitet war. Es gab aber auch Saiteninstrumente, die bordun spielten, vor allem die Drehleier, auch Radleier oder Bauernleier genannt. Sie war ein verbreitetes Musikinstrument bis in die Barockzeit, überlebte in der Folklore und erlebte im Rahmen der Mittelalter-Welle eine Wiederentdeckung. Die Leier zeichnete sich, jedenfalls in ihrer einfachen Form, nicht durch übergroße Flexibilität und Darbietungsmöglichkeiten aus und hatte einen leicht klagenden Ton. Deshalb hat man wohl dieses Instrument als Metapher für „immer wieder das Gleiche" genommen.

„Ins Bockshorn jagen"

einschüchtern, verunsichern

Eines ist das Bockshorn gewiss nicht: ein Musikinstrument. Die Wendung gab es im 15. Jahrhundert, aber die ursprüngliche Bedeutung war schon damals in Vergessenheit geraten. Martin Luther hat die Version mit „jagen" populär gemacht, so dass diese sich gegenüber anderen, auch älteren mit „zwingen", „treiben" usw. durchgesetzt hat. Plausibel sind folgende Erklärungen: Im frühen Mittelalter wurde ein Verbrecher in ein Hemd aus Bocksfell, althochdeutsch „bokkes-hamo", gezwängt und durch den Ort gejagt. Das Wort Bockshorn hat man daraus erst später gebildet, weil man sich in Unkenntnis der Bedeutung am Wortklang orientierte. Vielleicht ist aber auch der Bockshornklee gemeint, eine Pflanze mit penetrantem Bocksgeruch, weswegen es eine abschreckende Perspektive war, in ein solches Feld gejagt zu werden. Alle Erklärungen sind sich jedenfalls darin einig, dass es nichts Angenehmes ist, ins Bockshorn gejagt zu werden, was immer es auch sei. Beliebt ist die Redewendung trotzdem oder gerade deshalb bis heute.

„Kein Blatt vor den Mund nehmen"

ohne Scheu sprechen

Das Theater ist eine uralte Kunst. Im Mittelalter wurden allerdings fast ausschließlich Passionsspiele und religiöse Themen auf die Bühne gebracht. Später, vor allem in Zeiten des Absolutismus, konnte es für Schauspieler gefährlich werden, gewisse regimekritische Texte vorzutragen. Da kam es dann gelegentlich vor, dass man sich durch vor das Gesicht gehaltene Blätter unkenntlich machte, um aussprechen zu können, wofür man vielleicht zur Rechenschaft gezogen werden konnte. Auch könnte die Technik, in bestimmten Passagen die Stimme durch ein Blatt vor dem Mund zu dämpfen, hier Pate gestanden haben. Wenn man dieses Blatt, das auch ein Laubblatt gewesen sein kann, vom Mund wegnahm, war die Stimme deutlicher zu hören, was unangenehmen Wahrheiten mehr Gehör verschaffte.

„Den Garaus machen"

umbringen

Das Substantiv Garaus ist aus der adverbialen Formel „gar aus" im Sinne von „ganz und gar zu Ende" entstanden. Das Wort „gar" ist in unserem Küchenvokabular bekanntlich noch enthalten und meint dort, dass etwas „ganz durchgebraten" oder „fertig gekocht" ist. Ursprünglich benutzte man die Kombination „Gar aus!" im Mittelalter in einigen Städten, um die Polizeistunde, nach der nichts mehr ausgeschenkt werden durfte, mit diesem Ruf bekannt zu geben. Nach und nach verselbständigte sich der Ausdruck zu einem zusammengezogenen Substantiv, wurde auf diese spezielle Nachtzeit gemünzt und dann auch mit dem zugehörigen Glockenläuten vom Kirchturm in Verbindung gebracht. Auf den Tod übertragen hat man noch später den Begriff möglicherweise, weil eine der Hauptaufgaben der Kirchenglocken ist, bei Totenmessen und Beerdigungen zu läuten. Heute wird der Ausdruck ausschließlich in mörderischem Zusammenhang verwendet.

Stichwortverzeichnis

(In Artikeln vorkommende weitere Redewendungen kursiv)

Literaturverzeichnis

Franz Severin Berger, Elisabeth Tschachler-Roth, Heiliger Bimbam & Teufels Küche – Alltägliche Redensarten und ihre Herkunft, Erftstadt 2005

Duden Redewendungen. Wörterbuch der deutschen Idiomatik, Mannheim 2002

Carl A. Gold, Das Mittelalter in seinen Redewendungen, Ulm 2008

Karl Erich Krack, Redensarten unter die Lupe genommen – Vom Ursprung und Sinn vielgebrauchter Redewendungen und Begriffe, Berlin 1961

Mittelalterliches Kriminalmuseum Rothenburg ob der Tauber (Hg.), Rechtssprichwörter und sprichwörtliche Redensarten mit rechtlichem Inhalt, Rothenburg o.d. Tauber 1992

Klaus Müller (Hrsg.), Lexikon der Redensarten, Herkunft und Bedeutung deutscher Redewendungen, München 2005

Karl Hugo Pruys, Bis in die Puppen – Die 100 populärsten Redensarten, Berlin 2008

Karl Hugo Pruys, Perlen vor die Säue – Noch mehr populäre Redensarten, Berlin 2009

Heinrich Raab, Deutsche Redewendungen – Vor Abblitzen bis Zügel schießen lassen, Wiesbaden, o.J.

Lutz Röhrich, Lexikon der sprichwörtlichen Redensarten, Freiburg 2003

Verwendete Internetseiten:

http://de.wikipedia.org/wiki/Liste_deutscher_Redewendungen
www.wispor.de
www.woher-stammt.de

Bildnachweis

archiv-agil/Dover:
Seite 6, 7, 10, 38, 56, 58, 70, 76, 78, 79, 97, 98, 100, 114, 125

Gemeinfrei:
Seite 20, 32, 42, 49, 54, 59, 61, 94, 113, 118, 125

Trades-Archiv:
Seite 27, 33, 34, 39, 55, 66, 67, 83, 84, 85, 88, 93, 96, 108, 112

Archiv des Autors:
Seite 11, 12, 13, 14, 15, 16, 18, 19, 20, 21, 23, 24, 26, 27, 28, 30, 31, 33, 34, 37, 40, 41, 42, 43, 44, 45, 46, 47, 48, 50, 51, 52, 53, 60, 62, 63, 64, 67, 68, 69, 71, 72, 73, 74, 75, 79, 80, 81, 82, 86, 87, 89, 90, 91, 92, 95, 96, 101, 102, 103, 104, 105, 106, 107, 108, 109, 110, 113, 114, 115, 116, 117, 119, 120, 121, 122, 123, 124